easy money 75

第一次

買基金.ETF

圖解 最新修訂版

就上手

李明黎 著

目錄

⑩ 第一次買ETF就上手

附錄 主要基金訊息管道一覽表

如何使用這本書？

　　本書專為「第一次買基金」的初學者製作，對於你在投資時可能面對的種種疑惑、不安和需求，提供循序漸進的解答。為了讓你更輕鬆地閱讀和查詢，本書共分為十個篇章，設計簡明易懂的學習介面，運用大量的圖解和簡易的文字，幫助投資人建立正確的投資觀念。透過本書，你也能第一次買基金就上手！

篇名
「第一次買基金」所遭遇的相關問題，可根據你的需求查閱相關章節。

大標
當你面臨該篇章所提出的問題時，須知道的重點以及解答。

內文
針對大標所提示的重點，做言簡意賅、深入淺出的說明。

step-by-step
具體的步驟，幫助第一次買基金的你了解實際的投資行為。

Info
重要數據及資訊，幫助你投資更上一層樓。

⑧ 共同基金的贖回與轉換

如何賣出（贖回）基金？

贖回基金流程與申購基金大同小異，但比較方便的是，投資人不用再填寫新申購基金時需要填寫的開戶文件，只要填妥贖回申請書，交給相關人員之後，就可以回家等著核對基金贖回款項了。

挑選第一支基金 step by step

step 1.打聽基金消息
　　先打探一下目前市場上的基金動態與訊息，了解市場上最被推薦的基金是什麼，最常被討論的話題是什麼。（參見P78）

step 2.初步篩選挑出一些好基金
　　從符合績效、優良基金公司與基金經理人三項條件的基金中，挑選出一群不錯的基金。（參見P80）

step 3.蒐集資料與分析
　　針對這一群「好基金」，蒐集相關資料，逐一比較分析。（參見P87）

INFO 從基金公司推薦的基金名單開始篩選
　　每一季初或年初，基金公司或投資顧問公司或銀行財富管理部都會發布市場展望報告，同時也會提出當季精選基金，做為投資人布局的參考。這些基金都是各研究單位或基金公司的推薦基金，基金新手可以先挑出大家最為推薦的基金類型，做為篩選基金的第一步。

Dr. Easy
無所不知、體貼細心的易博士，
為第一次買基金的你提供實用且
關鍵的建議。

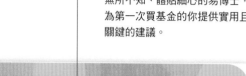

顏色識別
同一篇章採取同一個顏色，方便讀者閱讀和查詢。

贖回時機

贖回基金

轉換基金

基金款項

交易確認書

標籤索引
依篇章的內容排列，內容一目了然，上色部分即代表該頁的內容。

如果是投資交易型 ETF（比如槓桿型、反向型、期貨 ETF）的投資人，最好每天緊盯 ETF 價位，因為這類的 ETF 短線價格波動較為劇烈，只適合短線進出賺價差，並不適合長期持有，所以，如有不錯的賣價出現，最好趕緊賣出離場。

股債平衡投資法

1.股市轉多、債市轉空時
➡ 當股市轉多、債市轉空時，可增加股票基金的比重，降低債券基金的比重，以增加投資組合的獲利空間

股票基金
70%

債券基金
30%

圖解
以圖像解說重要的概念，幫助你輕鬆建立正確投資觀念。

2.股市轉空、債市轉多時
➡ 當股市轉空、債市轉多時，可增加債券基金的比重，降低股票基金的比重，以防禦　策略因應股市的空頭。

債券基金
70%

股票基金
30%

1 為什麼要投資共同基金？

共同基金引進台灣已經三十多年，目前已是大家耳熟能詳的投資工具。共同基金的設計相當平民化，是非常適合個人與一般家庭規畫財務、累積財富的工具。本篇將為你清楚整理投資基金的理由、好處與難度，並提醒你投資基金應有的正確觀念以及應該避免的錯誤，讓你順利地第一次買基金就上手。

本篇教你

- ✓ 投資基金的主要理由
- ✓ 投資基金的好處與難度
- ✓ 基金的投資門檻
- ✓ 投資基金的正確觀念與五大錯誤
- ✓ 如何第一次買基金就上手？

為什麼要買基金？

「基金」的投資門檻低，在台灣投資人心目中並不陌生，因為只要3,000元便能投資，使基金成為平民投資工具的代表。和其他的投資工具，例如股票相比，基金是不錯的投資入門工具，除了容易上手的好處之外，選擇投資基金還享有下列6點好處。

投資共同基金的6大好處

好處 1.專業的投資管理

共同基金由專業基金經理人代理操作，基金公司的研究團隊全力支援，即便投資人的資金僅有幾千元或幾萬元，仍能享有專業經理人專職操盤的服務，對於沒有時間、沒有財經知識、只能漫無目的投資的一般民眾而言，基金會是不錯的投資入門工具。

好處 2.分散投資風險

共同基金因為是匯集眾人的錢做投資，每一檔基金規模動輒千萬或數十億，因此，投資人能夠同時投資多檔股票，甚至同時投資股票與債券、國內與海外、或是其他金融工具。比起財力有限的小額投資人只能買一兩檔股票，共同基金能夠透過多樣化的投資，降低眾人的投資風險。

投資基金　　　　　　　　投資多種標的

好處 3.流動性佳

　　共同基金的流動相對定存要高，投資人如果需要用錢，要將手上的共同基金賣掉，債券基金最快隔天便能換現，多數股票基金約一、兩週之內也能換得現金，相對有些地雷股會有賣不掉的情形，大多數共同基金則幾乎沒有這項風險。

好處 4.懶人專屬的投資工具

　　投資共同基金，乃是將資金交給專業經理人去管理操作，因此，投資人不用操煩投資理財之事，從這個角度來看，共同基金是設計給懶人用的投資工具。

好處 5.無直接倒帳風險

　　投資股票，如果所投資的公司倒閉，投資人手上的股票就會成為無價值的壁紙；投資共同基金，因為基金公司只負責管理投資這件事，銀行只負責保管資金，基金的款項以專戶方式運作，不屬於基金公司與保管銀行，因此，無論是保管銀行或基金公司發生倒閉情事，共同基金仍獨立在外，不會被挪用抵償。

好處 6.具節稅功能

　　共同基金常被當成節稅的工具，境內基金的資本利得是免稅的，境外基金也享有獲利超過100萬元才會被課稅的高課稅門檻，此外，境內基金的配息所得在27萬以內也不用繳稅。

INFO 境外基金高所得才會被課稅

　　來自基金、股利、存款利息、投資型保單、期貨及選擇權在內的海外所得，合計超過100萬元時，才必須全數併入「富人稅」──「最低稅負制」的基本所得額中計算課稅，且「最低稅負制」中，還有670萬元扣除額可扣除。換句話說，一般小老百姓投資境外基金的所得收入，是很少會被課到稅的。

買了股票還需要買基金嗎？

很多股票投資人常會認為手上已經持有股票了，應該就不用再投資共同基金。其實，投資共同基金有許多好處是股票無法替代的，包括投資風險相對分散、表現相對穩健、可同時投資多種標的、不需要太多專業知識、也不需要龐大資金便能投資，這些都是買了股票，仍需要投資共同基金的原因。

基金和股票的不同

風險

股票的價格漲跌因為很難預測，買進賣出時點如果沒有掌握好，就很容易賠錢，投資風險並不小；而基金因為同時投資相當多的標的，投資風險因分散目標而降低，表現也相對較為穩健。

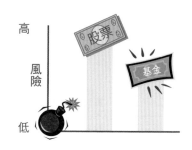

資金、專業度

專業經理人
操盤

投資股票需要一定的專業知識，基本面、技術面、籌碼面等分析功力都得具備，才有獲利機會，而且所需的資金門檻相對較高；基金則是將資金交給專家代理操盤，並不用擔心選股之事，投資的資金門檻也不高。

投資期間

股票的交易成本相對較低，變現性也較高，積極型投資人常會利用股票進行短線操作；基金的交易費用相對較高，變現時間也較久，較不適合做為追求短線獲利的工具。

■股票與共同基金比一比

項目	投資股票	投資共同基金
資金	績優股至少需要數萬元才買得到	最低3,000元～5,000元就可以投資 有些基金公司定期定額最低500元就能投資
風險	資金押在單一股票中，風險較高	因為同時投資不同標的，風險相對較低
投入方式	必須自己選股、買賣	享有專家代為操作的服務
專業	投資人必須擁有專業知識	投資人不需要太多專業知識
投資範圍	要買海外股票較不方便，也需要更多專業	可以輕鬆參與海外股票的投資
手續費	買賣時分別繳0.1425%	約1.5%～3%，但常有折扣
稅賦	賣出時須付證交稅0.3%。針對未上市上櫃股票，或大額興櫃股票交易所得，還須列入基本稅賦計算。股利所得配息單次超過2萬元須扣2.11%二代健保補充保險費	境外基金所得超過100萬才課稅；境內基金資本利得免稅，境內基金的配息所得享27萬利息免稅額，但單次超過2萬元須扣2.11%補充健保費（境外基金屬海外所得，不計入二代健保補充項目）
變現	約3個營業日（賣出當日+2日）	境內股票基金約5個營業日，境外股票基金約1～2週

在台灣，不少投資人喜歡自己操盤買賣台股，不想仰賴基金經理人。其實，投資人仍可以透過基金布局海外市場，讓自己的投資配置更多元、分散，避免將雞蛋全部放在同一個籃子裡。

投資基金難不難？

共同基金是平民化的投資工具，也是最適合懶人的理財商品之一，因此，投資基金基本上並不是件太困難的事，無論是需要準備的功課、或需要的專業程度，相對於股票、外幣、期貨等金融商品來說，都相當簡單、單純。

投資基金需具備的條件

投資基金你需要準備的功課：

1.了解基金是什麼樣的投資商品

不同的基金有不同的特質、期望報酬與風險，明白各種基金的特質之後，才有資格投資基金。

2.了解自己最適合投資的基金類型

不同基金因為有不同的特質，因此，也會適合不同族群的人。投資人應依照自己的年齡、理財目標、期望報酬、資金狀況等，釐清自己較適合哪一類的基金。

3.了解經濟景氣狀況

投資人只要大致了解全球景氣的位階狀況，判斷哪一類基金較有表現機會，再挑出績效較好、較值得信賴的基金與基金公司即可。

4.了解如何買賣基金

當然，如果要投資基金，對買賣基金的手續與流程需要有一定的了解，而基金的買賣流程，其實相當簡單。

投資基金你需要的專業程度：

1.不必擁有財經背景，只需看懂基金漲跌與優劣

共同基金由專業的經理人為大眾操盤管理，不管是股票、債券或各項新金融商品，投資人都可以透過共同基金來投資，而投資人只要決定選擇哪檔基金投資，並且持續觀察基金淨值漲跌即可，不必有堅強的財經背景也可以投資。

2.不用分析個股，只需注意整體景氣變化

因為不用自己選股、也不用直接投資各種金融商品，所以只需要留意整體景氣冷熱大趨勢的變化就可以了。

3.不用技術分析，只需明白自己的投資策略

基金不像股票、外幣或期貨，還需要學技術分析、判斷買賣時點，投資基金更重要的是，明白自己的理財目標以及損益點的設立。

4.不必花很多時間看盤，只需半年檢視一次即可

投資基金屬於長期理財規畫，基金淨值波動也不像股票那樣明顯，所以，投資基金大約半年檢視一次就可以了。

基金公司雖每月定期公布基金的投資內容與持股明細，但投資人不必逐一研究這些個股或單一金融商品，只要大致了解這檔基金的投資範疇與投資方向即可。

多少錢才能買基金？

投資共同基金最大的優點之一，就是只要幾千元便能進行投資。不過，由於基金公司的經營成本稍有差異，因此，境內基金與境外基金的投資門檻也稍有不同，但是基本上，共同基金仍是一般民眾可以輕鬆投資的理財工具。

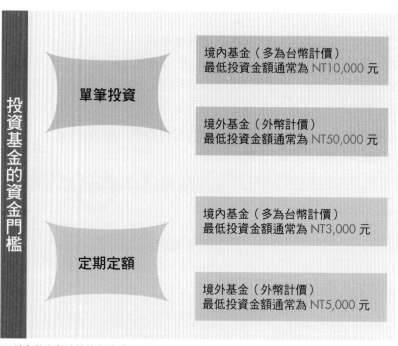

投資基金的資金門檻

單筆投資

境內基金（多為台幣計價）
最低投資金額通常為 NT10,000 元

境外基金（外幣計價）
最低投資金額通常為 NT50,000 元

定期定額

境內基金（多為台幣計價）
最低投資金額通常為 NT3,000 元

境外基金（外幣計價）
最低投資金額通常為 NT5,000 元

※ 境內基金與境外基金的說明詳見 P50。

單筆投資和定期定額

投資共同基金因為投資的方式不同，所需要的金額也會有所不同。投資基金分為以下兩種方式：

單筆投資

單筆投資，就是一次拿出一筆錢來投資某一檔共同基金。如果所投資的是國內投信發行的基金，最低投資門檻通常為新台幣一萬元；如果是投資國外基金公司發行的外幣計價的境外基金，最低投資門檻通常為五萬元新台幣。

定期定額

定期定額投資，就是與基金公司簽訂契約，每個月的固定某一天，由固定的銀行帳戶自動扣款一定金額，固定投資某檔基金。如果定期定額投資國內投信發行的基金，最低單次投資門檻通常為新台幣3,000元；如果是投資國外基金公司發行的外幣計價的境外基金，最低單次投資門檻通常為新台幣5,000元。

項目	單筆投資	定期定額
最低投資金額	較高 （10,000元或50,000元）	較低 （3,000元或5,000元） 有些基金交易平台甚至推出500元定期定額方案
手續費	一次扣款，多數採申購時扣手續費，部分基金可選「後收手續費」，也就是持有基金超過一段期間，可享後收部分手續費甚至0手續費的優惠，鼓勵基金投資人長期投資。	一次扣款，多數採申購時扣手續費。
平均成本效果	無	有
分散時間風險	無	有
資金風險	較高	較低

INFO 定期定額以每1,000元為扣款單位

定期定額投資金額，從最低門檻起跳，每1,000元為一扣款單位，投資人可以選擇每個月定期扣款5,000元、6,000元或7,000元。

投資基金的正確觀念

任何理財工具，都需要投資人以正確的觀念進行投資，才能發揮這項工具的特質與優勢，並進一步協助投資人累積財富。雖然基金是相對單純的投資工具，但投資人仍需要擁有正確的投資概念，才不會扼殺了這項理財工具應有的功能。

基金投資的4大正確觀念

導正觀念 **1.長期投資**

因為一檔基金囊括了數種股票、債券或其他金融工具，表現會比股票穩健許多；此外，基金經理人也會視市場變化，適時調整基金旗下的數種個股或金融商品，因此，基金投資人並不需要頻繁進出，應該以基金做為長期投資的主要工具。

導正觀念 **4.選擇未來具潛力的基金**

投資基金最大的期待就是要賺錢。在這樣的前提下，應該在適合自己的基金群中，找出未來最具潛力的基金，無論是基金類型、或個別基金，都應該找出未來可能最亮眼的基金，因為，所有投資都是著眼在投資未來的機會。

　　基金畢竟不是股票，著眼的是跟隨股市長線一起成長的契機。只要掌握投資市場中的長線成長潛力，以「抱著績優股、累積養老金」的心態長期投資，勝算機會應該不低。一般來說，建議基金的長期投資時間要達三～五年，如果要累積子女教育金或養老金，投資時間則長至五～十年都不嫌久。

導正觀念 2.定期檢視

　　很多基金投資人認為，既然將資金交給基金經理人管理，應該就不用費心投資之事了。其實，這是很危險的做法，雖然基金投資人不需要每天緊盯基金漲跌，但最好每半年就檢視一次基金表現，觀察市場與基金的狀況，而非置之不理，遇到該賣出時機、或不好的基金，才可以盡早處理。

導正觀念 3.選擇適合自己的基金

　　基金種類五花八門，風險高低不一，預期報酬也相差甚大，投資人應該視自己的投資個性、理財需求，選擇最適合自己的基金，這樣，基金才能做為自己最好的理財夥伴。

投資基金常見的錯誤

很多基金投資新手，常存有一些錯誤的投資觀念，以至於誤導了投資方向、或影響了投資結果。如果投資新手能夠小心、避免重蹈覆轍，就能夠增加基金投資的獲利機會，減少不佳的投資經驗。

投資基金的5大錯誤

錯誤觀念 1.投資基金穩賺不賠

除了存款之外，幾乎沒有一項投資工具是穩賺不賠的，共同基金也是一樣。有些投資人可能認為將資金交給專業經理人管理，應該就可以穩賺不賠，但在所有基金管理契約中，沒有一個是保證獲利的，所以這樣的想法相當不實際。有些投資人想像，那長期投資基金應該可以保證獲利吧，這也需要看市場狀況與買賣基金的時點而定。投資人必須認清，共同基金並非穩賺不賠的投資工具，仍需要考慮投資風險。

錯誤觀念 2.明星基金一定能賺錢

明星基金因為表現優異、報酬搶眼，常是媒體與投資人最矚目的焦點。但追逐這些明星基金不表示一定賺錢，因為基金的過去績效表現不代表未來報酬，加上投資市場常見風水輪流轉，今年亞洲基金表現突出，也許明年卻換成科技基金勝出，因此，投資人應該要鎖定未來最具潛力的基金，而不是著眼於過去表現。

錯誤觀念 3.明星基金經理人保證獲利

　　同樣地，投資共同基金只仰賴明星基金經理人的光環，也不是非常妥當。一方面，沒人能擔保明年的明星經理人會不會又換人做了，另一方面，也沒人能保證我們現在相中的明星經理人，會不會明天就跳槽到別家基金公司，影響到他的明星光環？如果只是追逐明星經理人操作的基金，也許投資新手會比較安心，但仍必須認清，這並非保證獲利的擔保。

錯誤觀念 4.投資交給專業經理人就可以不用管了

　　基金經理人負責管理基金資產，主要任務是使基金績效表現能夠優於大盤，但並不表示一定能幫投資人賺錢，投資人買了基金，仍需要定期觀察這檔基金表現是否為擊敗大盤、表現超越其他同類型基金的好基金，以及自己進場買基金的時間是否恰當，

或大環境是否仍適合持有手中的基金。基金投資人還是得做基本的功課，才能常保戰果。

錯誤觀念 5.選手續費較低的基金投資

　　在激烈競爭下，許多基金公司或基金銷售通路莫不祭出誘人的基金手續費折扣優惠，以吸引投資人買基金。投資新手或許可以藉此省下不少手續費成本，

但千萬不能只以手續費高低來選擇基金，否則，可能會讓自己暴露在賺了手續費、卻買到績效不佳基金的風險中。

INFO 有折扣優惠的基金不代表有獲利空間

　　基金公司或基金代銷通路，多會針對熱門商品或當下較值得投資的基金，推出手續費折扣，以吸引投資人申購，但有折扣的基金，並不代表一定有獲利空間。

如何第一次買基金就上手？

共同基金是相當簡單的投資工具，投資人不需要是財經專家或投資高手、不需要荷包滿滿、也不需要每天盯著市場行情漲跌，只要依循本書的介紹，按步驟step by step了解基金，選出最適合自己的基金明日之星，便可以享有投資基金的戰果了。

聰明買基金step by step

step 1.了解共同基金

先要了解共同基金究竟是什麼樣的投資工具，具有怎樣的風險，可以期待怎樣的報酬，才能夠好好利用這項商品，藉此來累積自己的財富。

step 2.認清自己適合的基金類型

基金的類型五花八門，有些較適合年輕人積極的投資個性，有些只能滿足中、老年人穩定安全的需求，所以，每位投資新手在投資前，都需要先了解哪種基金適合自己。

step 3.蒐集資料、仔細分析

在種類、數量龐雜的基金商品架上，基金新手最重要的工作，便是從數百檔基金中，篩選出一檔最值得投資、也最適合自己的基金，透過資料蒐集與縝密分析，一方面更了解基金商品，一方面可以理性地挑選出自己最中意的基金。

step 4.決定第一檔基金

決定了自己的第一檔基金之後，就可以開始投資了。投資人可以視自己可投資的閒置資金多寡，選擇投資基金的方式，並選擇最方便的購買基金管道。

step 5.檢視投資成果

投資之後，要檢視自己基金的賺賠情形，才能夠進一步判斷賣出時點，把握獲利、或讓虧損減少。

基金新手的第一支基金，可先以穩健型的股票基金入門，等到更熟悉基金這項商品之後，再布局其他更有特色的基金！

2 什麼是共同基金？

　　共同基金雖然已是台灣投資人相當熟悉的投資工具，但多數人對於「共同基金」是什麼？如何運作？主要的獲利來源？投資的風險在哪裡？基金市場中有哪些角色？分別扮演什麼功能？可能只有模糊的概念，透過此篇的說明，你將可以對共同基金，有相當清楚地了解與認識。

本篇教你

- ⊘ 什麼是共同基金？
- ⊘ 基金的運作方式
- ⊘ 基金市場中的各種角色
- ⊘ 如何計算基金淨值？
- ⊘ 投資基金的獲利來源與風險

什麼是共同基金？

許多的投資工具例如股票、債券，在投資金額上都有相當的門檻，財力有限的一般大眾，除了銀行存款外，便沒有適合的理財工具可以累積財富。共同基金的誕生，解決了投資人財力有限的問題。簡單來說，共同基金就是匯集眾人的錢，交由專家去管理投資，在經濟規模的利基下，獲取投資報酬。

Start

認識
共同基金

小王、小陳、小張、小李…擁有一些閒錢，但並非家財萬貫可以隨意做任何投資，同時無暇也無專業去理財，而理財的需要愈來愈強烈。

為滿足投資人的需求，於是，基金公司發行一檔基金，由一位專業的基金經理人專職負責管理這檔基金的資產。

基金經理人將這10億台幣投資到最值得投資的金融商品，例如：股票、債券中，以期幫投資人賺取最高利益。

小王、小陳、小張、小李…的閒錢皆投入這檔基金。在聚沙成塔之後，這檔基金匯集而來的資金規模達10億台幣，基金投資人共同委任這檔基金的經理人代理操盤。

情況 1.當基金績效良好時

基金所投資的股票或債券等金融商品成長增值，同時使這檔基金價值（或稱基金淨值）隨之增加，例如這檔基金的價值，從原先的10元上升到12元，投資人因而獲益。但基金經理人只收取基金管理費，並無權分享基金成長的利益。

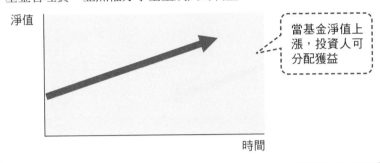

淨值

時間

當基金淨值上漲，投資人可分配獲益

1. 愈來愈多人將資金投入這檔基金，使得基金規模愈來愈大，基金經理人可投資的標的就愈豐富。
2. 投資期間需要用錢的基金投資人也可以將基金賣掉，賺取基金的成長價差。例如：買入成本10元，賣價12元，投資人可賺得2元價差。

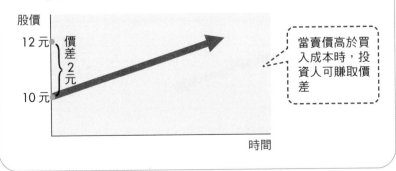

股價

12元

價差2元

10元

時間

當賣價高於買入成本時，投資人可賺取價差

情況 2.當基金績效不佳時

　　如果基金經理人操作的績效不佳，也就是基金所投資的股票或債券等金融商品價格不漲反跌，這檔基金的價值（或稱基金淨值）也隨之下降，例如：從原先的10元下跌到8元，投資人因而遭受損失。但同樣地，基金經理人並無需同步承擔這樣的損失。

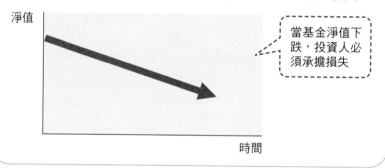

淨值

當基金淨值下跌，投資人必須承擔損失

時間

1. 因為績效不彰，愈來愈多人將資金退出這檔基金，使得基金規模愈來愈小，基金經理人可投資的標的也相對減少。
2. 受不了虧損的基金投資人開始將基金賣掉，投資基金出現損失。例如買入成本10元、賣價8元，投資人損失2元價差。

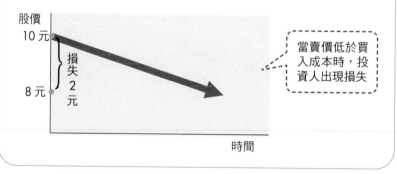

股價

10元

損失2元

8元

當賣價低於買入成本時，投資人出現損失

時間

共同基金的起源

十九世紀初

十九世紀初期，荷蘭國王威廉一世首創第一檔共同基金，但這支基金並非大眾化的投資工具，主要是貴族與有錢人共同集資，請專業經理人來管理這基金的資產，除了付給經理人的管理費之外，其他的投資收益都歸出資者所有。

十九世紀中

英國工業革命之後，中產階級財富迅速累積，但多無暇管理這些資產，因此，英國政府出面成立投資公司，於1868年發行「倫敦國外與殖民政府信託基金」，由專業人士代為操作，為第一檔多數投資大眾皆可參與投資的共同基金。

二十世紀

歷史上第一檔最符合目前常見基金規格的共同基金，首推西元1924年麻薩諸塞公司設立的「麻薩諸塞投資信託基金」，簡稱MIT。到了西元1940年，美國更訂定了投資公司法，奠定了日後共同基金發展的基礎。

共同基金雖然起源於英國，但卻是在美國發揚光大，普及到各社會階層，成為最受歡迎的理財工具之一。

共同基金如何運作？

共同基金在國內外風行多年，已經是相當成熟的投資工具，投資人只要了解基金實際的運作與管理架構，就可以發現，將錢託付給基金公司與基金經理人，其實是受到相當地保障與保護，無論是基金公司、基金經理人或銀行，都無權也無法擅用這筆資金。

共同基金的參與者

國內共同基金的運作架構，主要由委託人（投信公司、或稱基金公司）、受託人（保管機構）以及受益人（投資人）三者所形成，他們之間是以「證券投資信託契約」來規範相互的權利與義務關係。

▶ **1.金管會證期局**　主要負管理監督之責的主管機關。

▶ **2.基金公司**　只負責基金的發行、管理與操作，並由基金經理人下達投資買賣的指令給證券商。

▶ **3.保管銀行**　所有基金的資產均存放在保管銀行的獨立帳戶中，保管銀行不但專責款券的交割，必須負責將投資款撥給證券商完成交割事宜，投資人贖回基金的價款，也是由保管機構的基金專戶所支付，基金公司或基金經理人完全無法碰觸到資金，也不經手任何資產或資金的移轉。

INFO　共同基金不會有倒帳風險

共同基金投資人所投資的資金全數存放在保管機構，基金公司只負責管理與操作，並不經手基金的財產，而存在保管機構的資金是以專戶儲存，換句話說，該帳戶是獨立的，不屬於基金公司，也不屬於保管機構，因此，即便基金公司或保管機構倒閉，債權人也無權動用基金帳戶的錢。

共同基金的運作關係圖

證期局
審查新基金、
維持基金市場秩序

監督控管

基金銷售通路
（基金交易平台、銀行、
投信投顧公司、證券公
司、保險公司、郵局）
銷售基金

任何問題，可向證
期局申訴

基金公司
發行基金、
銷售基金、
提供投資諮
詢服務

買基金

買基金

投資人

匯款至
保管銀行

保管銀行
保管基金的資金

基金經理人下
單買股票或其
他金融商品

匯款至保管銀行

證券商
負責證券交易
事項、銷售基金

保管銀行撥錢給
券商進行交割

31

投資人

　　共同基金的投資者又稱基金的「受益人」，投資人出資申購基金之後，便擁有基金的「受益憑證」或基金「交易確認書」，做為贖回或賣出基金的依據。實務上，為避免投資人遺失「受益憑證」，基金公司或銷售機構大多以「交易確認書」或其他文件，或以帳簿劃撥的方式代替「受益憑證」，來簡化交易流程。

　　　　　　　　　　　　　　　　　　出錢買賣基金，使基金
　　　　　　　　　　　　　　　　　　有存在的意義與價值

基金市場的金主

投資人的種類

　　一般基金投資人，可以概分為兩類：

❶ 機構法人

　　　　像企業、公司財團、政府機關、基金會、財團法人、公益團體等，這些機構也需要管理他們的閒置資金，便透過共同基金來理財。

❷ 散戶

　　　　包括上班族、家管、退休人士等，這些人可能沒時間、也可能沒有足夠的專業去理財，或是想擴大投資範圍，但由於資金有限，便想透過共同基金去累積財富，或達成其理財目標。這些人也許只能撥出一萬元做投資，也可能將退休金幾百萬都投入共同基金，但基本上，這些散戶都是想透過基金的專業管理，增加財富累積的效率與機會。

證期局

　　共同基金市場的主要監管單位是行政院金融監督管理委員會證券期貨局，簡稱「證期局」，它不但是基金市場的大總管，也是維持交易秩序、保護投資人權益的警察。

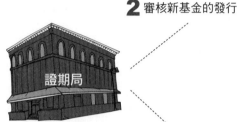

1 審核新基金公司的成立

2 審核新基金的發行

證期局

基金市場的大總管

3 監督基金公司與基金的運作

4 監督、查核基金公司之保管銀行的帳目明細

證期局的功用

❶ 維護基金市場秩序

　　證期局為了要維護基金市場的秩序，凡是新基金公司的成立、新基金的發行，都需要通過證期局審查才行，包括新基金公司的股東結構、資本規模、研究能力，以及新基金的發行計畫、投資範圍、交易安全，證期局都有一套審查標準，替投資人嚴密把關。

❷ 為投資人把關

　　而基金成立之後，所有基金的操作、運行，證期局也會定期為投資人密切監督，包括基金下單的交易安全、保管銀行的帳目獨立，證期局都會嚴加監督。

基金公司

　　基金公司可分為兩種，一為「證券投資信託公司」，或簡稱「投信公司」，主要業務是發行與銷售新基金，讓投資人來申購，以及操作管理所發行的基金，為投資人管理資產；另一種為「境外基金總代理公司」，如摩根證券是摩根系列基金的總代理機構，富達證券為富達系列基金與亨德森遠見系列基金的總代理機構。

1 發行新基金

2 操作、管理基金

3 銷售基金

4 提供各種基金投資諮詢服務與售後服務

投信公司
基金市場的產品生產發行者、
銷售者與售後服務者

1 引進並銷售所代理的境外基金

2 提供境外基金公開資訊如公開說明書中譯本、每日淨值、基金投資組合等

3 設立公開資訊專用網站

4 解決投資人基金申購和贖回的各項問題

境外基金總代理公司
引進並銷售所代理的境外基金

境外基金總代理制度

　　根據「境外基金總代理制度」，境外基金引進台灣時需由總代理機構負全部責任，如果投資人申購境外基金出了問題，總代理機構也要負責解決。另外，總代理機構也可直接銷售其所代理的基金。目前投信、投顧、證券商、銀行，都可以申請成為某系列基金的總代理機構，而每一檔境外基金只能有一家總代理機構。

保管機構

　　每一檔募集完成、報請成立的基金，都有一定的基金規模，這一大筆錢會統一存在該基金的保管銀行中的專款專戶，這筆資金是所有投資人的錢，無論是銀行或基金公司本身，都無權動用這筆資金。

1 保管基金的
　所有資產

2 基金款項的
　匯款中間者

保管機構
基金的資產保管者

保管銀行的功用

　　每一檔基金都會有一家專屬的保管銀行，負責保管基金的資產，包含股票、債券或現金等，都統一交由保管銀行保存管理。當基金經理人下單給A證券商投資B股票，保管銀行即負責匯款給A證券商，並保管B股票；投資人想要賣掉手中的基金，也是由保管銀行負責將款項匯給投資人。保管銀行每年會固定收取一定的保管費，該費用自動由基金資產中扣除，投資人不用再額外支付。

「境外基金資訊觀測站」可查詢的相關資訊

　　從「境外基金資訊觀測站」（https://announce.fundclear.com.tw/）可查詢目前所有境外基金的總代理機構、其所設立的公開資訊專用網站、以及引進的境外基金機構與基金總數。
　　在「基金總覽」中，則可以查詢總代理機構所引進的系列基金基本資料、淨值、規模等實用資訊。

基金銷售通路

　　基金的銷售通路愈來愈多元，投資人想申購基金，除了直接到基金公司之外，還能到銀行、證券商、保險、郵局買基金，近年更多了幾家純電子交易的「基金平台」，讓習慣網路交易的投資人有更多選擇。

1 代銷基金

2 提供投資人基金諮詢服務與售後服務

基金銷售通路
基金通路商與售後服務者

「基金量販店」提供更多選擇

　　基金公司主要的功能在於發行基金與管理、操作基金，但它的分公司數量相當有限，銷售據點也不多。為讓投資人方便申購基金，全台各大銀行、郵局都已成為基金代銷通路商，但各通路上架的基金不盡相同，主打的基金品牌與基金類型也有差異。此外，近年更有數家「基金平台」獲核准成立（如「鉅亨買基金」、「基富通」、「中租投顧」），不但上架基金多達兩、三千檔以上，手續費折扣也更優惠，是名符其實的基金量販店。

INFO 這裡可以查詢合法的基金銷售通路、合法的共同基金
https://www.sitca.org.tw/ROC/WEB/WE1003.aspx

證券商

　　證券商在基金運作中，扮演著兩種角色：一是基金代銷機構，二是基金公司下單買賣股票的交易服務者。投資人可以到證券公司買賣基金，而基金公司則可向證券經紀商買賣股票。

1 代銷基金 ·············

2 基金公司的股票交易服務者

證券商
基金通路商、
股票交易服務者

「證券商」除了買賣股票，也有代銷基金

　　並非所有的證券商都提供代銷基金的服務，投資人只有到已和基金公司簽署代銷合作契約的證券商，才能買到那家基金公司的基金。目前有些證券商也提供基金的網路交易平台，讓網友多一項投資基金的管道。證券商也會提供研究報告給基金經理人參考，當做下單的售後服務。

認識基金淨值的漲跌

基金淨值，就是基金的價格。要知道基金是漲是跌，觀察基金淨值就可以看得出來。到底基金淨值是如何計算出來的呢？為什麼基金淨值每天都會變動？基金淨值的高低代表著什麼意思？這些疑問，都是所有基金新手必須釐清的問題。

什麼是基金淨值？

所謂「基金淨值」，是「基金單位淨值」的縮寫，又稱基金的NAV（Net Asset Value）。基金淨值代表該基金的「每單位淨資產價值」，而該淨值則是根據基金所投資之標的物，例如股票、債券、期貨、現金等商品每日的收盤價格，扣除掉基金所支付的各種交易費用，再除以該基金全部發行的單位數後，所計算出來的資產價值。因為基金所投資標的物的收盤價，每天有漲有跌，價格都不同，所以，隨著金融行情的波動，基金的淨值也會隨之起伏。

計算公式

基金淨值＝投資標的物收盤價格總值 ÷ 基金發行單位數

基金投資標的物收盤價上揚 ▶ 基金資產成長、淨值上升

基金投資標的物收盤價下跌 ▶ 基金資產縮水、淨值下跌

實例

A基金共募集到10億元新台幣，依規定，新基金的每單位淨值為10元，則該基金共有1億個單位數。A基金的基金經理人，將這10億元新台幣，投資了30檔個股。

<table>
<tr><td>當績效良好時</td><td>當績效不佳時</td></tr>
<tr><td>第二天，這30檔個股有漲有跌，結算之後，基金資產由10億元新台幣，成長為10億1000萬元新台幣，則基金的單位淨值為：</td><td>第二天，這30檔個股有漲有跌，結算之後，基金資產由10億元新台幣，縮水為9億9000萬元新台幣，則基金的單位淨值為：</td></tr>
<tr><td>基金淨值 ＝ 投資標的物收盤價格
　　　　　總值 ÷ 基金發行單
　　　　　位數
　　　　＝10.1億 ÷1億單位數
　　　　＝10.1元</td><td>基金淨值 ＝ 投資標的物收盤價格
　　　　　總值 ÷ 基金發行單
　　　　　位數
　　　　＝9.9億 ÷1億單位數
　　　　＝9.9元</td></tr>
</table>

 如何得知基金淨值

　　從基金發行公司、境外基金總代理人、基金銷售通路、財經媒體等機構的官網，都可以查詢基金淨值（但有的只限該機構有上架、代理或銷售的基金淨值資訊）。另外，從「基金資訊觀測站」（https://www.fundclear.com.tw/）則可以查詢所有境內、境外基金的最新淨值與歷史淨值變動走勢。

共同基金的獲利來源

共同基金的獲利來源與股票的概念相當類似，主要來自於基金的配息收入，和基金淨值漲跌的價差（或稱基金投資的資本利得）。一般來說，後者是基金投資人最為期待、最有獲利想像空間的部分。對於投資涉及海外市場的基金而言，匯兌價差，也是額外的投資收益之一。

3個主要獲利來源

來源 1.資本利得

共同基金所投資的各項標的物的價值，每天都會漲跌起伏，使基金淨值也隨之變化，當投資人在基金淨值較低時買入，淨值上漲時賣出，這樣低買高賣所賺取到的價差，就稱做基金投資的資本利得。

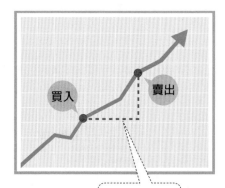

低買高賣所獲取的價差，稱為基金投資的資本利得

投資基金最主要的收益來源為資本利得，也是獲利彈性較大的收益來源。

來源 2.利息收入

　　投資股票的共同基金，會定期收到上市上櫃公司的配股或配息，這項收入屬於股利收入，而這項收益也會自動納入基金資產，反應在基金淨值上；此外，投資金融機構固定收益商品，例如活存、定存或購買債券、票券等工具的基金，也會收到這些商品的利息，這筆利息收入會自動算入基金資產中，並反應在基金淨值上。

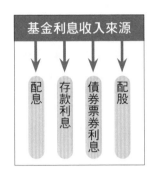

基金利息收入來源

| 配息 | 存款利息 | 債券票券利息 | 配股 |

來源 3.匯率價差

　　投資海外金融商品的共同基金，因為計價幣別為外幣，所以當匯率有所波時，也會影響基金的收益。比如說，某基金投資數檔歐元計價的海外股票，當歐元表現強勢時，該基金淨值折算回台幣之後，便會有匯兌收益。

投資人買入歐元計價基金→歐元上漲→產生匯兌收益

投資基金最主要的獲利來源應是資本利得，但在股市空頭的時候，基金的利息收入，便成為相當重要的獲利來源了。

INFO **不同基金的獲利來源**

　　不同種類基金的主要獲利來源是不同的，而在基金的公開說明書中，都會載明基金的主要獲利來源，股票型基金主要的獲利來源多是資本利得，債券型基金的主要獲利來源多是利息收益，至於匯兌收益則是境外基金額外的收入，這部分是投資人在申購基金之前較難預期的。

共同基金的風險

任何理財工具都有風險，共同基金雖然是相對穩健的投資工具，但也有一定程度的風險。不同類型的基金暴露在不同種類的風險程度也不一，投資基金之前，最好還是看清這些風險的面貌，才不至於在投資之後，因為心理準備不足而承受太大的壓力。

7個投資共同基金的主要風險

1.市場風險

共同基金無論是投資股票、債券或其他的金融工具，都會遇到行情的好壞，當行情變差時，基金淨值因而下跌的風險就是市場風險。舉例來說，如果基金所投資的股市遭逢空頭，多數股票價格頻頻走跌，基金淨值受到影響，這樣的風險，便是市場風險。

2.利率風險

利率的起伏變化，也會影響到基金表現，稱之為利率風險。一般說來，利率往上走時，債券價格會隨之下跌，使債券基金遭受損失；或者當利率往上走時，市場游資回到銀行體系，使股市少了資金行情而表現不佳，股票基金淨值因而下挫等情形都屬於利率風險。

3.匯率風險

對於外幣計價的境外基金而言，如果計價幣別相對於台幣升值，則投資人會有匯率上的收益；如果計價幣別相對於台幣貶值，則投資人因此遭受匯率上的損失，這就是匯率風險。

計價幣別升值，產生匯兌收益

計價幣別貶值，產生匯兌損失

4.基金標的之債信風險或倒閉風險

基金所投資的標的例如股票、債券，如果遇上地雷股或地雷債券，則基金淨值就會遭受一定的損失，這類的風險雖然不常見，但仍有所聞。

5.基金經理人的操作風險

如果基金經理人看錯行情，買錯股票，就會讓基金遭受損失，這類型的風險即稱為經理人的操作風險。

6.基金公司的誠信風險

基金公司如果缺乏誠信與責任感，與上市公司掛勾炒作股票，或進行其他非法行為，不但將基金暴露在相當大的風險中，一旦東窗事發，基金公司很難經營下去，投資人也一定會受到拖累，為此付出代價。

7.基金清算風險

如果所投資的基金規模過小，或是投資之後，基金規模因為行情不佳與贖回壓力，變得愈來愈小，這樣的基金，所負擔的管理與交易費用壓力會相當大，如果繼續操作，便會不符經濟規模的效益，因此，該基金很有可能會終止，進一步進行清算，而投資人便必須面對這樣的清算風險。

INFO **基金清算**

基金清算之前，基金公司會先寄出通知書給投資人，並開放一、兩個月的時間，讓投資人免費辦理轉換或贖回的手續。而基金清算時，基金公司會將基金所有的資產變現，扣除一些必須的費用之後，全數發還給基金持有人。

基金什麼情況下會賠錢?

共同基金雖由專業經理人代理操作,但並非穩賺不賠。一般來說,投資基金會賠錢,除了與基金操作表現有直接關係之外,投資人買進基金的大環境變化狀況與時機也相當重要,如果沒有仔細考慮這些因素,手中的基金就很可能會讓你賠錢。

基金賠錢的原因

來源 1.基金公司經營不佳

基金公司的經營風格、績效與效率,直接關乎到基金經理人的誠信與操作實力,如果一家基金公司誠信受到質疑、專業度不足、服務品質也不佳,投資人不會願意將錢交給基金公司管理,以至於基金規模大幅縮水,無法達到經濟規模的效益,操作的難度也大為增加;如果基金公司專業度不足,基金經理人無法獲得公司研究團隊的支援,基金績效也很難有突出表現,這家公司的基金就很容易讓投資人賠錢。

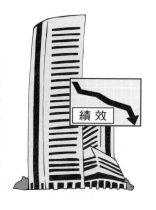

績效

來源 2.基金經理人操作不佳

如果基金經理人專業不足,無論是選錯股票、進場時點判斷錯誤、看錯市場行情、或是錯估某一事件對金融市場的影響,都會導致基金資產價值不斷縮水(所投資的股票一直跌),而讓基金淨值不斷下滑,使得基金投資人賠錢。

來源 3.經濟景氣變化與預期不符

投資人在進場投資某檔股票基金時，多是因為預期未來經濟景氣會不錯，股市應有相當的表現空間。但如果一些事件突然發生，例如美國的911事件，雷曼的金融風暴危機等等，導致景氣未如預期回春，股市表現相對受到壓抑，基金淨值的表現空間也有限，對於那些早已進場投資的基金投資人而言，也會因此賠錢。

來源 4.進場時機不恰當

投資基金想要賺錢，進場時點相當重要。在景氣好時，應該投資股票型基金，在景氣不佳時，應該投資債券型基金，如果投資人未看清經濟景氣的狀況，在景氣復甦的尾端才進場投資股票型基金，或在景氣回溫、利率走揚時才投資債券型基金，都很容易使投資賠錢。

如果擔心基金淨值下跌，造成荷包縮水，最好投資前先設立停損點。

INFO 組合型基金的分散風險效果

很多基金投資人只要一賠錢，就會直接怪罪基金經理人，認為是其操作失當才導致虧損，但不少投資人賠錢的原因，是因為進場時機不對所導致，所以，「組合型基金」或稱基金中的基金（詳見P58），才應運而生，這種由專業經理人幫投資人「選基金」、「投資基金」的「組合型基金」，便是希望解決投資人不會選基金、不會挑進場時點的問題。

3 共同基金
有哪些？

　　共同基金在全世界各地持續蓬勃發展，至今已經成長到相當的規模。基金也有非常多元的分類：依照投資標的、投資區域、投資策略、基金型態、發行公司等不同，將基金區分出各種不同的類型，投資之前必須先搞清楚這些基金類型、以及各種基金的特質，投資人才能夠進一步挑出最值得投資的基金。

本篇教你

- ✅ 何謂封閉型基金與開放型基金？

- ✅ 何謂境內基金與境外基金？

- ✅ 何謂成長、收益、平衡、與保本基金？

- ✅ 何謂全球、區域與單一市場基金？

- ✅ 何謂股票、債券、貨幣、對沖、認股權證等基金？

封閉型基金 vs. 開放型基金

依據基金發行型態的差異，可將基金分為「封閉型基金」與「開放型基金」。這兩種基金的買賣規則大不相同，雖然目前市面上的封閉型基金數量已經相當少，但投資人還是有必要搞清楚這兩類基金的異同。

什麼是開放型基金與封閉型基金？

比較　　　類型	開放型基金	封閉型基金
申贖管道	是目前市面上最普遍的基金，投資人如果想要申購、贖回或轉換「開放型基金」，可以隨時依據公開報價的基金淨值，直接向基金公司或代銷機構，例如銀行、郵局或證券公司買進、贖回或轉換。	封閉型基金一旦成立之後，就會在證交所掛牌，投資人如果要買進或賣出封閉型基金，必須透過證券經紀商，在集中市場撮合交易，整個買賣流程就像投資股票一樣，而買賣的價格、成交狀況，都是由市場的供需所決定。
發行單位數	開放型基金有發行額度的限制，限制範圍通常在新台幣2億～200億元之間，只要基金規模還沒有超過發行的上限，投資人都可以自由地買賣，基金規模也會有所增減，發行單位數因而隨著投資人的買賣狀況而變化。	封閉型基金的發行額度和發行單位數是固定的，當基金發行期滿、以及基金募集達到預期的規模之後，單位數就不會再變動。
價格	每天都只有一個價格，也就是「淨值」。每天金融市場收盤之後，基金公司便會開始計算當日的淨值，投資國內股市的開放型基金，通常在當天下午五、六點左右，便可得知當天的基金淨值；而投資範圍包括海外股市的開放型基金，則必須等到海外市場收盤後才能計算淨值，因此，通常要在隔天中午前才能計算出來。	最值得注意的是，封閉型基金每天有兩種報價，一是集中市場中的市價，也就是一般投資人買賣的價格；二是基金公司每日針對該基金所計算出的資產淨值。當市價小於淨值時，便出現所謂的「折價」；當市價大於淨值時，便稱為「溢價」。

封閉型基金可能變為開放型基金

為保護投資人權益，國內法令規定，如果封閉型基金的折價超過一定幅度且連續一段時間，就必須召開受益人大會，以表決是否要改成開放型基金。一旦表決改型成功，封閉型基金便成為開放型基金，之後這檔基金的一切交易規則，就會和開放型基金相同。

實例

XX封閉型基金發行時淨值為10元，小陳在發行時以10元買進，一年後，基金經理人操作績效不錯，淨值漲至11元。小陳想要賣出此檔基金換現金，但因為市場對該封閉型基金需求低，買者數量遠低於賣者，小陳必須以較低的價格才能賣得出去，最後小陳以市價9元成交賣出。其實這檔基金如果轉型成開放型基金，小陳便有機會以11元的價格贖回基金。

■封閉與開放基金的比較

項目	封閉型基金	開放型基金
發行單位數	發行後便固定不變	隨時視市場需求而增減
掛牌與否	在交易所掛牌	不掛牌上市
買賣限制	透過集中交易市場，需有買家賣家才能成交	只要未達規模上限，投資人都可投資
買賣管道	證券經紀商	代銷機構如銀行、郵局或證券商
價格	市價與淨值兩種價格	僅有淨值
折價風險	有	無
市場數量	較少	最普遍

INFO 開放型基金較封閉型基金受歡迎

目前，無論是國內或海外，封閉型基金都不如開放型基金受歡迎，國內也在政策的引導下，所有傳統的封閉型基金都已改為開放型基金。只有指數股票型基金（ETF）仍以封閉型基金的方式發行與交易。

境內基金 vs. 境外基金

台灣的基金市場中，有「本土貨」與「進口貨」之分，雖然商品規格大同小異，但「本土貨」是由台灣基金公司所發行，「進口貨」則是由國外基金公司所發行，因此，申購方式、管道與成本等仍有差異，投資人需要多加留意。

境內基金

是指國內投信所發行的信託基金。各基金經過證期局核准募集後，便由投信公司向台灣投資人募集資金，投資範圍包括台灣與海外市場，並多以台幣計價。境內基金由台灣投信公司自行發行操作，並由台灣的基金經理人直接操盤，如果是投資海外市場的基金，則基金經理人會有專屬的海外研究顧問團隊，提供最即時的選股資訊。

因為境內基金是「本土貨」，主要受證期局監控管理，在發行與投資限制如融資投資、避險操作上，會較境外基金來得多；但「本土貨」的投資成本如手續費、管理費也會比較便宜，最低投資金額門檻也比較低。

INFO 境內基金、境外基金哪個好？

基金是本土貨好，還是舶來品好？其實這問題一直都沒有定論。一般來說，舶來品因為投資限制較少，在市場多頭時表現會較本土貨為佳，當然前提是兩者的基金經理人操作功力相當。

境外基金

「境外基金」是指海外基金公司所發行的各式基金。由國內的投顧、投信或證券公司如富達投信、摩根投信、富蘭克林投顧等總代理機構所引進，主要受發行當地之政府法令所監控管理，投資人來自世界各地，多以美元、歐元、或日圓等外幣計價，投資範圍則以海外市場為主，基金經理人也是海外基金管理公司聘僱的外國人。

因為境外基金是「進口貨」，主要受發行地政府監控管理，在發行與投資策略上，例如融資投資、避險操作，較無太多限制；但因為引進成本較高，在投資成本如手續費、管理費上，也比較貴一些，最低投資金額門檻也比較高。

■境內基金、境外基金比較

項目	境內基金（onshore fund）	境外基金（offshore fund）
發行者	國內投信	海外基金公司
發行狀況	由國內投信公司直接發行	由總代理機構引進台灣
直接管理者	台灣證期局	發行地政府主管機關
基金經理人	台灣人在台灣操盤	外國人在發行地操盤
計價幣別	多為台幣計價	外幣計價
募集／銷售對象	台灣投資人	世界各地投資人
投資範疇	台灣市場與海外市場	海外市場
發行與投資限制	限制較多	限制較少
銷售通路	投信公司、銀行、證券、郵局	總代理機構、銀行、證券
手續費（股票型基金）	較低，約為1.5%	較高，約為2.5%至3%
最低投資金額	單筆投資 10,000元 定期定額 3,000元	單筆投資 50,000元 定期定額 5,000元

INFO 境外基金總代理制保障投資人權益

過去投資人投資境外基金遇到問題，必須隔海尋找國外發行公司理論，而境外基金總代理制上路後，每一檔基金都會有一家總代理機構負責該基金相關的銷售、服務；銷售通路也不再僅限於原先的銀行、證券，只要有與總代理基金公司簽署代銷契約的金融機構都可以銷售境外基金。

成長、平衡、收益與保本型基金

共同基金如果以期望報酬與風險性來分類，可以概分為成長型、平衡型、收益型與保本型基金。投資人如要選擇一檔適合自己的基金，一定要先弄清楚基金是屬於哪一種類型，才能挑出一檔最符合自己投資個性與理財需求的基金。

成長型基金

以淨值的「成長」為訴求，基金經理人的操作策略並不留心短期收益，而是強調基金的長期成長潛力，不只將賺到的錢持續投入進行投資，也直接瞄準高成長的投資標的，但基金的風險也相對較高。

★基金強調 淨值成長	★風險 較高
★投資策略 以長期成長為目的，選擇成長性高的投資標的	

平衡型資金

同時兼顧「成長」與「收益」，希望透過平衡的投資策略，使投資人能在可承擔的風險下享有一定的報酬。通常，平衡型基金會透過「股票＋債券」的方式，達到平衡布局的效果，一方面享有「股票」的成長；一方面透過「債券」控制投資風險。一般來說，這類基金的投資風險相對較低，是「進可攻、退可守」的最佳投資工具代表。

★基金強調 淨值兼顧成長、收益	★風險 較低
★投資策略 常透過「股票＋債券」的方式，達到平衡布局的效果	

收益型基金

強調投資的「收益性」，通常定期的配息機制或穩定的基金淨值成長，都是這類基金的主要訴求，因為其穩定的收益特質，常是退休人士或需要固定收入、無法承擔太多風險的投資人的最愛。

★基金強調 淨值收益性	★風險 低
★投資策略 追求穩定的收益	

保本型基金

　　強調投資的「保本性」，結合低風險的收益型金融工具和衍生性金融商品，保障投資人的投資本金不被風險侵蝕，但可預期的成長與賺錢空間也相對較少。運作方式是將主要資金投資於低風險的政府債券或定期存款，僅利用其孳生的利息，投資於具高槓桿倍數、高風險、高報酬的衍生性金融商品，例如選擇權或期貨等，如此一來，本金可以因為投資低風險或無風險工具而保住，但投資前仍須留意保本基金的「到期日」限制，投資人如在基金到期日前就提出要贖回，如此贖回的報酬不一定能夠優於基金發行時宣告的「保本率」。

| ★基金強調 | 保本 | | ★風險 | 最低 |

| ★投資策略 | 結合低風險的收益型金融工具和衍生性金融商品，保障投資本金 |

■成長、平衡、收益、保本型基金比較

比較項目	短期收入	長期成長性	風險	適合的投資屬性
成長型	低	高	高	積極型
平衡型	中等	中等	中等	穩健型
收益型	高	低	低	保守型
保本型	低	低	幾乎無	保守型

INFO　市面上的保本基金

　　台灣投信發行的第一檔保本基金是「寶來福星高照保本型基金」，成立時基金規模約24億多，受益人數約1,000多人。根據投信投顧公會網站所揭露，目前（截至2022年2月底止）共有5檔保本型基金，如瀚亞2026收益優化傘型基金之南非幣保本基金等。

全球、區域、單一國家基金

依照投資區域來區分基金種類是最簡單易懂的方式，通常按投資地域，可將基金分為「全球型基金」、「區域型基金」與「單一國家基金」。投資區域愈廣泛，可選擇的標的物就愈豐富，透過分散投資的操作，投資風險也相對較低。

全球型基金

全球型基金投資標的遍布全球，但通常是以歐、美、日國家為最主要的投資區域。例如全球型股票基金為投資人瞄準、鎖定全球各地股市的成長潛力，且因為投資範圍相當大，也較能達到分散風險的目的。其最大的優勢在於，投資人不需要費心留意全球市場的動態與變化，也不需要經常調整自己的投資組合，透過全球型基金的布局，投資人可藉由經理人之手，同時投資全球。因此，全球型基金常是穩健型投資人的最佳選擇。但全球型的產業基金，例如全球科技基金，因為只鎖定某一產業，風險較一般的全球股票型基金要高得多，並非穩健型投資人的首選。

> 風險分散效果大 ➡ 適合穩健型投資人

區域型基金

區域型基金主要以特定的區域為投資標的，像歐洲基金、亞洲基金等。這類基金的投資範圍擴及整個區域，也會有一定程度的風險分散效果。但值得注意的是，通常區域之內的股市連動性都相當高，常會出現齊漲齊跌的狀況，因此，投資風險遠較全球型基金為高。

歐洲

> 風險分散效果中等 ➡ 適合穩健偏積極型投資人

單一國家基金

單一國家基金直接以特定國家做為主要的投資標的，等於將雞蛋放在同一個籃子裡，投資風險最高，加上世界上沒有一個國家的股市可以年年稱霸，而且今年表現最好的股市，很可能就是明年表現最差的國家，因此，投資人如果要投資這類基金，必須費心留意買賣時點的掌握。單一國家基金因為風險最高，也較適合積極、冒險型的投資人。

美國

> 風險分散效果小 ➡ 適合積極冒險型投資人

■全球、區域、單一國家基金比較

比較項目	基金種類		
	全球	區域	單一國家
投資範圍	最廣	居中	最狹隘
投資風險	最低	居中	最高
適合投資人	穩健型	穩健偏積極	積極冒險型

INFO 全球型股票基金配置在歐美比重高

全球型股票基金的投資配置，主要以全球股價指數（如MSCI世界指數）為依歸，通常以成熟市場如歐美日的配置比重最高，光是美國股市的比重有時便達五、六成以上，歐洲則約在一成到三成左右，亞洲與其他地區則約占二成以下。

股票、債券、貨幣與其他特殊基金

從投資標的區分，可以將基金分類為「股票型」、「債券型」、「貨幣型」與「其他特殊型」基金。顧名思義，這些基金主要是以投資「股票」、「債券」、「貨幣」或「其他特殊金融商品」，為投資人賺取投資收益。當然，因為投資標的有異，投資風險也會有所差別。

股票型基金

目前市面上絕大多數的基金，都是以股票為主要投資標的的股票型基金。這類基金通常獲利機會最高，但相對來說，投資風險也較大，較適合穩健或積極型的投資人。由於股票又分成上市股票與上櫃股票，所以將投資上市與上櫃股票的基金，稱為一般股票型基金，而僅能投資上櫃股票的基金，便稱做店頭基金。

> **投資風險大** ▶ 適合穩健偏投機型投資人

債券型基金

主要以債券為主要的投資標的，因為債券價格的波動幅度較股票小得多，風險因此也較低，加上多數的海外債券型基金，都有定期且穩定的配息機制，較適合保守穩健型的投資人。

> **投資風險低** ▶ 適合保守穩健型投資人

INFO **基金名稱不是有「債」就表示投資風險低**

很多投資人誤以為基金名稱上有「債」，就表示是波動比較低、風險比較小的債券基金，其實不然，比如「高收益債券基金」、「新興市場債券基金」、「可轉換公司債基金」，這些債券基金的投資風險雖然比股票基金要低，但比起一般的公債基金仍要高許多，因此，這類基金不適合占投資組合比重過高，保守型投資人如想投資這類基金，也不宜投入過多資金。

貨幣型基金

　　主要投資標的為流動性佳的貨幣市場工具，比如像短天期票券等。通常這類基金的淨值波動最穩定，風險也是相對最低的，當然，平均收益也低於股票型或債券型基金。投資人通常會將貨幣型基金做為資金暫時的停泊港，而非做為累積財富的投資工具。

> **投資風險最低** ➡ 適合當做資金暫時的停泊處

■股票、債券、貨幣基金比較

比較項目	股票基金	債券基金	貨幣基金
投資標的	股票	債券	貨幣工具
風險	最高	低	最低
淨值波動	高	不高	最低
主要功能	追求一定的獲利	追求穩定的收益	資金停泊
投資成本	最高	低	最低

其他的特殊基金

　　除了前述種種基金類型之外，仍有許多基金種類為滿足投資人的需求而產生，較常見的特殊基金有以下12種：

1. 產業型／類股型基金

　　主要投資標的瞄準某些特定的產業類股，例如主要投資在科技股的「高科技基金」、鎖定醫療生化類股的「生化科技基金」等。除了這些產業類別之外，有些基金特別鎖定「中小型企業」，稱為「中小型基金」；或主要投資價值股，稱做「價值型基金」。這些產業型或類股型基金，因為鎖定某一族群，投資風險也相對較高，較適合積極型投資人布局。

2. 組合型基金

　　這類基金的投資標的是各類型的基金。換句話說，基金公司集合投資人的資金之後，由基金經理人挑選目前最有增值潛力的基金做投資，形成一個投資組合。

3. 指數股票型基金

　　這類基金，又稱ETF。例如「元大寶來台灣卓越50基金」，主要根據投資標的之市場指數的成分股與比重，來決定基金投資組合中個股的內容與比重。在這樣的操作策略下，基金淨值表現將會緊貼指數的漲跌，基金經理人完全不必考慮投資策略，一旦指數成分股變更比重，基金經理人就跟著改變持股比重。對於預期未來市場指數將會走揚的投資人，最簡單的投資方式，便是投資指數股票型基金。（ETF投資請詳閱第十篇）

4. 傘型基金

　　是由一群投資於不同標的之子基金所組成，每檔子基金的管理工作都是獨立進行的，而投資人一旦投資於任何一檔子基金，可以任意轉換到另一檔子基金，不需要額外負擔轉換或手續費用。傘型基金對於習慣頻頻買賣進出各種基金的投資人而言，應是不錯的商品設計。像是「富蘭克林華美台股傘型基金之高科技基金」、「瀚亞策略印度傘型基金之印度策略收益平衡基金A類型新台幣」等，都是台灣投信發行管理的傘型基金。

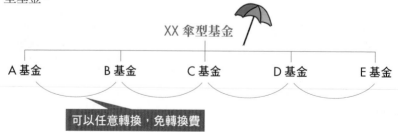

XX 傘型基金

| A 基金 | B 基金 | C 基金 | D 基金 | E 基金 |

可以任意轉換，免轉換費

5. 可轉換公司債基金

這類型基金主要投資在可轉換公司債商品。可轉換公司債基金在股市低迷時，可以享有債券的固定利息收入；股市表現不錯時，則可透過當初所約定的轉換條件，將公司債轉換成股票，享受股票增長的收益，簡單來說，這類基金具備「進可攻、退可守」的產品特色。

6. 對沖基金／避險基金（hedge funds）

又稱避險基金，這類基金最主要的設計初衷，是給予基金經理人充分的授權與資金運用的自由，只要是經理人認為「有利可圖」的投資策略與工具，基金經理人都可善加運用。比如說，長短期利率間的利差套利、利用選擇權、期貨商品，於匯市、債市、股市上做空做多等。這類基金風險相當高，期望報酬也不低，通常是資金充沛的大戶、法人機構、或富人專屬的投資工具，一般投資大眾買不到也買不起。

7. 貴金屬／天然資源基金

這類基金，並不是直接投資於黃金、煤礦、天然氣等貴金屬或天然資源，而是投資於貴金屬或能源相關的上市公司股票，比如像「能源基金」主要投資在有關生產或買賣能源的上市公司股票。

8. 指數型基金

　　這類基金的特色在於其投資目標並非要打敗指標指數（如台灣加權股價指數），而是將投資組合緊密追蹤某一指數（如台灣加權股價指數）的績效、不以擊敗大盤為目的，唯一目標就是基金表現要與指標指數的（如台灣加權股價指數）表現一致，如「元大台灣加權股價指數基金」。由於指數型基金淨值漲跌會與大盤一致，熟悉台灣股價指數漲跌趨勢的投資人可以在判斷指數相對走低到一定程度後，逢低買進該基金，等到指數回升後，基金淨值跟著上漲，再賣掉該基金，賺取其中的價差。

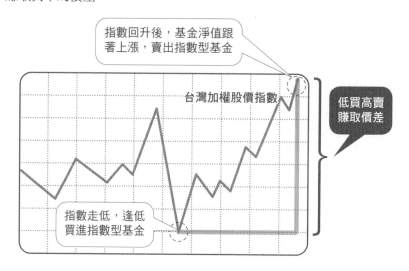

9. 資產證券化型基金

　　顧名思義，此類基金的投資標的就是「資產證券化商品」。如果主要投資的證券化商品是「貸款類（債權）」，就是「金融資產證券化型基金」；如果主要聚焦於「不動產」，就是「不動產證券化型基金」；倘若一次涵蓋了多種證券化商品，就是「全球資產證券化型基金」。以不動產證券化基金為例，其多以REITs（REITs大多以辦公大樓及購物中心為標的物，收入來源為租金、每年配息）、不動產股票、不動產債券為投資標的；金融資產化商品如證券化債券、外國證

券化債券及外國保本型連動債券等。基本上，只要看好基金所投資地區的不動產長線趨勢、或金融商品的增值趨勢，這類基金就有投資價值。目前台灣投信發行管理的「資產證券化型基金」如「元大全球不動產證券化基金-新台幣A類型不配息」、復華全球資產證券化基金-新臺幣A等。

10. 主題基金

投信發行投資海外的基金類型已經相當齊備，在涵蓋歐美日、亞洲、單一國家等基金全都一應俱全後，近年來台灣投信與境外基金公司持續發行聚焦特定趨勢商機的「主題基金」，也就是以某一市場夯議題為主要布局標的之基金，突破傳統以地域為區隔的基金投資流程設計，掌握不同時代下引領市場風潮的投資大趨勢，比如像過去紅透一時的金磚概念、綠能、時尚精品、資源、農金、消費商機等，到近年的元宇宙科技概念、ESG永續投資、AI人工智慧、高股息等。

11. 高收益債基金

此基金主要投資評級較低的公司債，這類公司債因為評級不高，通常能夠提供較高的收益率，因此，這類基金除了淨值成長的資本利得機會外，還有固定的高配息收益。近年因為市場利率持續維持在歷史低水位，訴求較高收益、較高配息的「高收益債券基金」備受歡迎，長居熱銷基金排行榜中，台灣投信也積極加入發行高收益債券基金的行列，總計高收益債券境內基金多達53檔（截至2022年1月底止）。

12. 多重資產型基金

全球資金跨區投資移動愈來愈快速，市場波動起伏也愈趨劇烈，多重資產型基金同時布局全球股債、另類資產等多元資產，並因應景氣循環變換，保持高度彈性的配置比重，不但能全盤掌握各種資產的收益機會，也能有效降低波動風險。總計投信發行的多重資產型基金約45檔（截至2022年1月底止），多重資產型的境外基金選擇也是相當多。

我適合投資
哪種共同基金？

每個基金的誕生，都是為了滿足各種投資人的理財需求。投資人如果只看基金績效與風險大小是不夠的，還需要依照自己的年齡、個性、理財需求等條件選基金，才能滿足自己的理財目標。

本篇教你

- ✓ 如何挑出適合自己的基金？
- ✓ 如何依年齡、理財目標選基金？
- ✓ 如何依自己的風險承受度選基金？
- ✓ 如何依自己的資金狀況選基金？
- ✓ 如何依自己的資產配置狀況選基金？

挑選適合自己的基金

明白了五花八門的基金種類，接下來必須學會如何挑選適合自己的基金，要篩選出適合自己的基金，通常必須綜合考量自己的年齡、理財目標、風險承受度等因素，才比較能達到自己的投資預期。

依據不同因素挑選基金

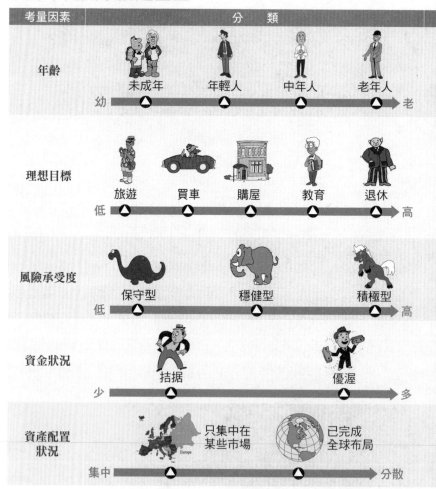

考量因素	分　　類
年齡	未成年　　年輕人　　中年人　　老年人　　幼 ▲　▲　▲　▲ 老
理想目標	旅遊　　買車　　購屋　　教育　　退休　　低 ▲　▲　▲　▲　▲ 高
風險承受度	保守型　　穩健型　　積極型　　低 ▲　▲　▲ 高
資金狀況	拮据　　優渥　　少 ▲　▲ 多
資產配置狀況	只集中在某些市場　　已完成全球布局　　集中 ▲　▲ 分散

投資基金的考量因素，如果投資人有特別強調的項目，例如風險的控制、或是比較擔心資金不足，則可以將最關心的因素格外挑出來再細究，以求做出最佳的投資判斷。

說　　明

- 年輕人較有時間承擔較高的風險。
- 中年人財務壓力較大，投資風險不能太高。
- 老年人逐漸無固定收入，投資理財以保本為重。

- 理財目標較高、籌資時間有限者，可投資風險較高、期望報酬也較高的基金。
- 理財目標較高、時間充裕者，可以穩健地投資，透過時間累積，達成目標。
- 理財目標較低、時間也充裕者，可以透過保守型的理財工具慢慢累積財富，不用承受太大的投資風險。
- 理財目標較低、但時間不充裕者，只能擔負多一點投資風險，可利用較積極的投資工具，達成期望中的財富目標。

- 風險承受度有限者，僅能投資保守型的基金商品。
- 風險承受度居中者，可投資穩健型的基金商品。
- 風險承受度極高者，可投資積極型的基金商品。

- 資金較為拮据者，最好選擇較穩健的基金。
- 資金較為優渥者，最好多方布局，同時選擇積極型基金與保守型基金，控制投資風險。

- 資產配置狀況較集中在某個國家者，應該將投資盡量分散。
- 已完成全球布局者，可以將投資標的擴充，讓資產多元化，如投資黃金基金等。

依據年齡選基金

「年齡」是考量應該挑選哪一類基金時最常用的篩選指標。不同年齡代表不同的人生階段，每一人生階段，都有特定的夢想與計畫待完成，也有較適合的基金可做搭配，幫助投資人順利達成夢想、完成計畫。

不同年齡所適合的基金

考量因素	青春單身期 16～29 歲	成家立業期 30～35 歲
社會階段	年輕、單身、新婚	已婚者、有年幼的小孩，具備一定的專業基礎
經濟狀況	開始有收入及儲蓄	經濟漸趨穩定
理財目標	積極創造財富	●留意投資收益與稅賦負擔 ●購屋需求漸明顯，投資追求較高獲利
風險承擔能力	高	高
投資期間	長期資金（5年以上）	長期資金（5年以上）
獲利期待	高報酬	高報酬
適合的基金類型	●單一國家基金 ●區域型基金 ●產業型基金 ●中小型基金	●單一國家基金 ●區域型基金

有些年長的投資人因為賭性堅強，不滿於保守型工具的理財方式，對於操作較積極的基金仍躍躍欲試，建議這類投資人可以小試，但千萬不要過度投資。

挑選基金

年齡

理財目標

風險承受度

資產配置

黃金打拼期	成熟穩定期	銀髮退休期
34～45歲	45～55歲	55歲以上
小孩教育支出漸重、家庭負擔漸重	小孩漸大，家庭負擔漸輕、開始為退休打算	準備退休養老
收入可能超過支出	事業及薪水漸達巔峰	仰賴退休金或其他固定收入來源做為養老費用
●子女儲備教育基金 ●兼顧收益與成長 ●至少還要工作10年才能退休 ●有能力做均衡投資	●調整投資組合比重 ●為退休預作準備 ●減低積極性之投資 ●著重於收益型投資	投資以保本、安全為主
中高	中	低
中長期資金（3～5年）	短期資金（1～3年）	短期資金（1年以內）
中高報酬	穩定收益	●穩定收息 ●保本
●區域型基金 ●債券基金 ●貨幣基金	●債券基金 ●貨幣基金 ●保本基金	●風險較低的債券基金 ●貨幣基金 ●保本基金

依據理財目標選基金

每個人在不同時期、不同的人生階段，都會有自己的理財目標，包括買車子、買房子、結婚、養小孩等。每一項理財目標的期望報酬均不一樣，可承擔風險也有所差異，因此，必須釐清自己投資的最終動機，依據理財目標選擇，才可找到最適合自己的基金類型。

不同理財目標所適合的基金類型

理財目標	投資時考量重點	適合基金類型
退休基金	以長期保本安全為主，追求退休時有固定收入	☑ 債券型 ☑ 保本型
子女教育基金	長期保本兼顧收益，且投資收益必須超過學費漲幅	☑ 收益型 ☑ 平衡型
結婚基金	長期保本兼顧收益	☑ 收益型 ☑ 平衡型
置產	資金宜兼顧收益及成長，不宜承擔過大的風險	☑ 收益型 ☑ 平衡型
家庭風險管理	以長期保本為主，並求意外發生後家庭仍有固定收入	☑ 債券型 ☑ 保本型 ☑ 平衡型

建議在理財目標即將達成,需要用錢的至少前半年,就要開始留意尋找基金的最佳贖回時點。

理財目標	投資時考量重點	適合基金類型
添置家具	以追求中期的成長為主,可承受的風險比儲蓄需求要大	☑ 穩健成長型 ☑ 穩健股票型
買車	資金如追求高成長,想加速達成夢想,可嘗試較高風險的投資	☑ 成長型 ☑ 股票型 ☑ 產業型
海外旅遊	以追求資金成長為主,可承受較高風險	☑ 成長型 ☑ 股票型 ☑ 產業型

 易懂竅門

1. 如果理財目標是相當重要的,例如退休基金、子女教育基金等,投資時必須特別考量風險因素,宜選擇收益型、平衡型的基金,才不會因為不當的投資將資金都賠光。

2. 如果理財目標的必要性稍低,例如添置家具、買車、海外旅遊等,且如果籌資時間又相對較短,則可鎖定較積極的投資工具,在可承擔的風險壓力下,追求資金的增長,這時,成長型的股票基金或產業型股票基金應是這類需求者的首選。

69

依據風險承受度選基金

依據風險承受程度選基金相當重要。如果投資人不自量力，跟著大夥追逐高風險的科技基金或單一國家基金，當基金表現上下起伏，常會讓投資者心驚膽戰亂了陣腳；同樣地，積極型投資人如果不明就裡投資了強調安全收益的債券型基金，該基金淨值變動幅度相當有限，也不符合積極型投資人的投資期待。

不同風險承受度所適合的基金

類型	風險承受度	適合基金類型	適合的投資組合
保守型	低	● 債券型 ● 收益型	七～八成固定收益型基金 二～三成高成長型基金
穩健型	中	● 平衡型 ● 穩健成長股票型	四～六成固定收益型基金 四～六成高成長型基金
積極型	高	● 積極成長股票型 ● 產業型	七～八成高成長型基金 二～三成固定收益型基金

 易懂竅門

1. 依據風險承受度選基金是指保守型投資人搭配風險較低、預期報酬也較低的基金，而積極型投資人則搭配風險較高，但期望報酬也較高的基金。

2. 此外，還可以靈活地調整比重、建立最適合自己的投資組合。例如，保守型的投資人，可以將資金的七～八成放在固定收益基金，二～三成的資金放在高成長型的基金。

■測驗自己的風險承受度

　　以下的自我評量表可以測驗自己的風險承受度，看看自己究竟是屬於哪一種類型的投資人。

自我評量表		
請依下列問題勾選答案，最後合計出答案。		
問題	選項	
1. 我的年齡在40歲以上。	□是	□否
2. 我一向不喜歡新鮮、刺激的事物，高空彈跳、雲霄飛車我都敬而遠之。	□是	□否
3. 我如果有機會去拉斯維加斯，也不太想參加賭局。	□是	□否
4. 公司年終獎金如果現金與股票二選一，我比較喜歡現金。	□是	□否
5. 我的閒錢大多放在銀行做活存、定存。	□是	□否
6. 基金淨值一下跌，我就會開始擔心。	□是	□否
7. 朋友一再推薦某檔股票會漲，我還是不敢投資。	□是	□否
8. 我常因為投資理財的事情晚上睡不好覺或心神不寧。	□是	□否
9. 我的股票或基金只要一上漲，就會急著想要賣掉。	□是	□否
10. 我要進行任何投資之前，一定會問許多朋友專家意見，做很多功課，才敢投資。	□是	□否
總計	個	個

結果分析

你的答案「是」達七個以上，為保守型投資人。
你的答案「是」達四至六個，為穩健型投資人。
你的答案「是」達三個以下，為積極型投資人。

依據資金與資產配置狀況選基金

不同財力的投資人，應該有不同的投資策略；擁有一千萬與一萬元的投資人，投資的規畫應該也有差異。財力較雄厚的投資人，較有本錢嘗試不同的基金，資金較微薄的投資人，就不宜承擔太多的風險。

不同資金適合的基金與投資策略

可投資資金	適合的基金或投資策略
超過百萬	可以利用有效率的資產配置，同時投資股票基金與債券基金，並且布局台灣與海外市場。
約數十萬	可以分散布局成長型基金、穩健型基金與保守型基金。
約數萬	可以鎖定全球型基金或平衡型基金，或透過定期定額，增加投資標的。
萬元以下	可以鎖定收益型基金、平衡型基金或組合型基金，透過定期定額方式投資。

易懂竅門

1. 如果可投資資金超過百萬元以上，投資人可以充分靈活運用，將資產分散布局在國內與海外，同時兼顧成長與保本。

2. 如果可投資資金在數十萬間，雖然財力並非十分雄厚，但仍可以分散投資，穩健型、成長型與保守型基金，都可以做一部分的布局。

3. 如果可投資資金僅有數萬元上下，仍可以用定期定額方式，一半放在成長型基金，一半放在收益型基金做布局，或者是直接鎖定較穩健的全球型基金、平衡型基金或組合型基金。

INFO 千萬不要借錢買基金

　　基金理財強調長期的投資，而非短線的操作，因此，投資人也沒有必要借錢買基金，應把基金當成是投資兼儲蓄的一項工具。

不同資產配置適合的基金

資產配置情形		適合的基金或投資策略
僅持有台幣資產或台灣投資商品		投資海外的基金
僅持有外幣資產或海外投資商品		投資台灣市場的基金
同時擁有台幣外幣資產與海外國內投資商品		目前資產組合中所缺少的基金類型

 易懂竅門

1. 如果是從資產配置的角度選基金，原則上都是以均衡布局的角度去思考與評估。

2. 如果手上已經有許多台股或台幣資產，就應該增加海外市場與商品的投資，以降低投資風險，增加獲利機會。

3. 如果手上抱有不少海外資產或已投資不少境外基金，便可以增加台灣市場基金的投資，增加台幣資產的投資比重。

5 挑選我的第一支基金

明白基金的種類，對自己適合的基金也有初步的輪廓後，接下來，就是要挑出自己的第一支基金，跨出投資的第一步。雖然基金種類數量眾多，但只要透過本篇的說明，step by step 一步步進行了解與篩選，很容易就能挑出最能為自己累積財富的第一支基金。

本篇教你

- ☑ 如何挑出自己第一支基金？
- ☑ 挑選好基金的訣竅
- ☑ 什麼基金稱得上是好基金？
- ☑ 如何蒐集與分析基金資料？

挑選我的第一支基金

共同基金在台灣已經有一段歷史，基金對一般大眾已不是陌生的名詞，基金的投資觀念也逐漸被大家所接受，市場上發行、銷售的國內外基金數量也愈來愈多，投資新手如何從眾多標的中挑出自己的第一支基金，已經不像過去那樣簡單，反而需要透過層層篩選，才能確保自己挑到最具獲利潛力、又適合自己的好基金。

挑選第一支基金 step by step

step 1.打聽基金消息

先打探一下目前市場上的基金動態與訊息，了解市場上最被推薦的基金是什麼，最常被討論的話題是什麼。（參見P78）

step 2.初步篩選挑出一些好基金

從符合績效、優良基金公司與基金經理人三項條件的基金中，挑選出一群不錯的基金。（參見P80）

step 3.蒐集資料與分析

針對這一群「好基金」，蒐集相關資料，逐一比較分析。（參見P87）

挑選第一支基金非常重要，很多投資人因為第一次投資經驗不佳或賠錢，從此對基金敬而遠之，是非常可惜的事。

step 4.分析基金的未來潛力

　　依據外在經濟環境，分析基金的未來獲利潛力。（參見P107）

step 5.分析基金的風險

　　針對這些基金的種類與特性，判斷基金的風險性高低。（參見P109）

step 6.檢視該基金是否適合自己

　　逐一研究這些好基金是否適合自己的投資屬性與獲利預期。（參見P111）

基金

step 7.決定

　　透過綜合檢視表，決定出自己的第一支基金。（參見P113）

步驟1 打聽基金消息

市面上的基金種類不少,基金公司也多達數十家,明星基金也是世代交替、陸續出現,所以,買基金也和買一般商品一樣,需要先到處看看,打探一下最新消息,比較各方的說法,這樣做可以幫助投資新手,先對基金市場有初步的了解。

打探基金消息的管道

管道 1.親友推薦

請教親朋好友中的投資老手,因為他們已經累積一些實戰經驗,所以應有不少實用資訊可供參考,像是哪一家公司的基金績效較好、哪一家銀行的服務較專業、哪一類型基金的獲利較穩健。當然,有時親友的推薦會因為專業性不足而使資訊稍嫌偏頗,投資人還是應多加比較。

管道 2.專家建議

基金投資的專家,包括發行基金的投信公司、提供顧問諮詢業務的投顧公司、銀行的理財專員、代銷基金的證券公司旗下的投資顧問等,這些管道的理財專家所建議的基金,也許銷售意圖較濃,但專業負責且服務佳的理財專員,為求業務的永續發展,所推薦的基金或提供的市場資訊,也多是以幫助投資人賺錢為主要目的。不過投資人依舊要小心,仍有一些理財顧問是以自己的業績獎金為主要考量,這類的專家資訊就不值得參考了。

管道 3.媒體報導

　　一般專業的財經媒體，都會提供相當多的基金投資資訊與市場動態，包括哪些基金熱賣、哪些基金表現特別好、哪些新基金即將問世、哪裡的基金手續費有折扣等等，這些都是相當值得參考的資訊，特別是一些消息來源較廣泛的報導，因為專家意見較為多元，投資人可以從中看到市場上不同的看法，藉此讓投資想法更為成熟。

INFO　從基金公司推薦的基金名單開始篩選

　　每一季初或年初，基金公司或投資顧問公司或銀行財富管理部都會發布市場展望報告，同時也會提出當季精選基金，做為投資人布局的參考。這些基金都是各研究單位或基金公司的推薦基金，基金新手可以先挑出大家最為推薦的基金類型，做為篩選基金的第一步。

閱讀媒體報導也要小心，當某類基金在報紙雜誌中大篇幅報導、持續熱炒話題，而且已經歷時好一陣子，這時就要留意市場是否有過熱的風險，這時才進場的投資人，申購價位通常較高，投資風險也會較大。

步驟2 初步篩選 —— 挑出一些好基金

挑出「好基金」是投資新手的第一要務,只有投資「好基金」,才有賺錢的機會。不過,「好基金」的定義需要從多種面向來分析,除了基金績效,基金公司的專業與服務和基金經理人的優劣,都需要考量在內。

1 基金績效良好

2 基金公司具專業與服務佳

3 優秀的基金經理人

好基金

1.績效優異

從投資人的角度來看,只要能賺錢的基金,就是「好基金」。但客觀來看,評估一檔基金績效的好壞,可以從許多角度來衡量。一是表現贏過大盤的基金,就是績效相對不錯的好基金;二是漲幅在同類型基金中名列前茅的基金,就是好基金;三是風險相對較低,報酬相對較高的基金,也是績效良好基金。

❶ 表現優於大盤

❷ 漲幅在同類型基金中名列前茅

❸ 風險相對較低,報酬相對較佳

績效優異的基金

2.好的基金公司

　　從投資人的角度來看，服務好、專業性夠、形象佳、管理完善、制度完備的基金公司，就是好的基金公司。但最重要的是，基金公司所提供的各項基金商品與服務，能夠幫助投資人解決理財大小事，協助投資人累積財富，也是好基金公司的要件。

1 基金商品充足、服務完善
2 幫投資人累積財富

好的
基金公司

3.優秀的基金經理人

　　從投資人的角度來看，好的基金經理人，就是能好好管理基金，幫投資人賺錢的基金經理人。從客觀的角度來衡量，基金經理人的操作哲學、管理基金風格、人格操守，以及基金績效，都是相當重要的衡量依據。所以，總括來說那些操作相當有原則、管理風格專業、操守正直、管理的基金績效優異的基金經理人，就是好的基金經理人。

1 操作基金有原則
2 管理風格夠專業
3 擁有正直操守
4 基金績效優異

優秀的
基金經理人

好基金或好的基金公司通常都會累積口碑，問問基金投資老手，可以得到很多寶貴的資訊。

如何挑選績效好的基金？

要挑出績效好的基金，可以從基金過去的績效表現來評估，也可以參考基金的得獎紀錄，做為挑選基金的依據。

判斷依據 從過去績效找好基金

1.比較參考指標

基金報酬表現擊敗其參考指標（benchmark）的基金，就可以稱做表現不錯的基金。而追求這類績效表現的基金，也可以稱做追求「相對報酬」表現的基金。

舉例

易博士基金的參考指標為台灣加權股價指數，如果近一年台股指數上揚5%，但是同一期間，該基金淨值卻成長10%，超越大盤指數表現，則該基金就是一檔能夠擊敗大盤、表現相對不錯的基金。

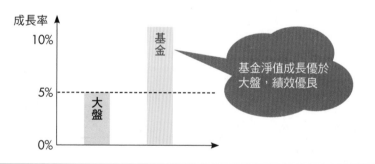

成長率

10% 基金

5% 大盤

0%

基金淨值成長優於大盤，績效優良

INFO 基金的參考指標

每一檔基金都有自己的參考指標（benchmark），做為衡量該基金表現的重要依據。以台灣一般型股票基金為例，這類基金的績效指標多數為代表股市漲跌的台灣加權股價指數；以全球股票型基金為例，多數這類基金的績效指標為MSCI全球股市指數。

2.比較同類型基金

與同類型基金互相比較基金表現，也是相當重要的。因此，基金的短期（一個月、三個月、六個月）、中期（一年、兩年）、長期（三年、五年以上）報酬率都在同類型基金前三分之一、前四分之一或是前幾名的，都可以稱為績效不錯的基金。表示這類基金在同樣的市場環境下，因為基金經理人的聰明選股或靈活進出，使基金淨值的成長超越其他同類型基金，或是在市場空頭時，跌幅較其他同類型基金要少，更能夠看出基金經理人的功力。

優 A 基金   優 B 基金   優 C 基金

排名在前 1/3 或 1/4 者都是好基金

判斷依據 從得獎紀錄找好基金

目前有不少公正客觀的國內外基金評鑑機構會定期發表基金的評鑑報告，除了給各類基金分級或星級評比之外，也會選出年度最佳基金。國外的基金評鑑機構包括理柏（Lipper）、標準普爾（S&P）、指標（Benchmark）、晨星（Morning star）等；而證券暨期貨市場發展基金會舉辦選出的「中華民國證券暨期貨金彝獎」、由台北金融研究發展基金會主辦選出的傑出基金「金鑽獎」，也是相當值得參考的依據。

這些基金都是在評選期間報酬、操作等表現最為出色的基金，雖然這類獎項並非未來表現的絕對保證，但仍具相當的參考價值。善用基金評鑑資料可以幫助投資人篩選投資標的，不過，投資人在運用這項工具之前，最好先行了解各基金評級的真實內涵。

如何挑選好的基金公司？

挑選一家最值得信賴的基金公司，是投資基金最重要的功課之一。如果選到管理不善、誠信不足、人謀不臧的基金公司，手中的基金資產很有可能因此遭受損失；如果選到管理效率高、服務好、績效表現穩健的基金公司，將手中的資金交給這些基金公司管理，不但可以放心，基金資產也可望逐漸成長。

好的基金公司的條件

1.公司誠信佳

這是所有基金公司必備的經營條件，基金公司的經營，必須以全體基金受益人（投資人）的利益為依歸，公司內控制度完善嚴密，所有同仁均不會公器私用。這部分，投資人可以參考證期會所提供的各家基金公司的獎懲紀錄。

2.基金經理人素質佳、穩定性高

基金經理人的素質可以由學經歷來判定，相關資料都可以從基金公司的網站上得到，或直接向基金公司索取；基金公司旗下的基金經理人穩定性高，不隨便跳槽，代表企業文化與經營理念的傳承可以有一定的效率，這對於基金操作的穩定性，也有相當正面的幫助。

3.基金產品線廣

基金產品種類愈多的公司，表示其經營能力愈強，對客戶來說，可選擇性也愈多，表示客戶可視市場狀況，靈活地將資金轉換到其他種類的產品。

4.基金受益人數眾多

基金總受益人數愈多，表示該基金公司的經營較受大眾的肯定，同時也表示該基金公司的經營風險愈小。如果基金公司的客戶只集中在少數法人，這些大戶的進出將明顯影響基金的操作策略，而受益人數如果愈多，愈可以分散這類風險。

5.基金規模持續成長

基金規模的持續增加，一方面也許因為旗下基金淨值持續成長，使基金資產不斷增加；一方面或許因為旗下基金受市場歡迎，申購金額不斷增加所致，這兩項因素，都對基金公司的經營有相當的加分作用。

6.基金整體績效優異

投資基金的最主要目的，就是要幫投資人累積財富，所以，基金公司操作基金的績效相當重要。如果公司旗下基金的表現都非常優異，表示該公司的基金表現整齊突出，這家基金公司就相當值得依賴。

7.服務品質佳

基金公司的售前服務佳，可以幫助投資人做出最好的投資判斷；基金公司的售後服務佳，可以解決投資人的疑難雜症，協助投資人在最好的時機賣出基金，獲利離場。基金公司的服務優劣，可以從基金的申贖手續是否方便、市場資訊或淨值查詢管道是否暢通、客服人員的專業與服務品質、收費是否合理等方面來考量。

INFO 如何得知基金公司的相關訊息？

投信投顧公會有相當多基金公司的重要資訊，包括基金公司旗下的基金表現、基金規模、受益人數、產品線、基金經理人變動狀況等，都可以在網站中得到最新的資料。

● 中華民國證券投資信託暨顧問商業同業公會網址：http://www.sitca.org.tw

如何挑選好的基金經理人？

基金經理人是一檔基金的靈魂，他的操作功力關係到基金績效，就像是一艘船的船長，操縱著基金的未來走向。在投資時挑到一個好的基金經理人相當重要。以下三個訣竅即是判斷基金經理人優劣的重要依據：

選擇基金經理人的3個祕訣

`Point` **1.過去經歷、操盤經驗與績效**

只有真正經歷過多次景氣多空循環的基金經理人，在選股與操作判定上，才能做出正確的判斷。如果基金經理人只經歷多頭，很容易忽略空頭時的殺傷力；而如果基金經理人只看過空頭，也很容易因為過度保守而錯失獲利良機。當然，基金經理人過去的操作績效，也是相當值得參考的指標。

`Point` **2.投資風格**

基金經理人的投資風格可以從基金的週轉率來判別。週轉率愈高，表示基金經理人的換股頻率很高，短線操作較頻繁；如果基金的週轉率較低，表示基金經理人的投資較偏好長期布局，而非短線進出。通常，基金週轉率過高，也表示投資手續費不低，對基金績效不見得好。

`Point` **3.品格操守**

基金經理人的品格相當重要，按規定，基金經理人以及其家人是不能自己買賣股票的，以避免內線操作的風險。此外，基金經理人如果公器私用謀求己利，不但基金公司的商譽受到傷害，基金經理人也會受到不得再從事證券業、甚或刑責等嚴重懲罰。

INFO **如何得知基金經理人相關資訊？**

中華民國證券投資信託暨顧問商業同業公會網站（www.sitca.org.tw）或各家基金公司網站，都可以找到基金經理人過去的學經歷資料。財經媒體也常會報導績效優異的基金經理人，投資人可以找來參考。

步驟 3 蒐集資料與分析

蒐集資料是投資新手相當重要的功課，透過蒐集與分析，可以幫助投資人更快了解基金，找出最值得投資的標的，增加基金投資的收益。基金新手在投資前要深入了解一檔基金，可以先蒐集基金公司提供的基金介紹文件（如公開說明書／投資人須知（境外基金）／基金月報）、基金淨值（表／走勢圖）、基金績效評比表。

投資基金前，你需要研讀的基本資訊

要了解一檔基金的優劣，可以從解讀有效的資料著手，以下資訊相當重要，可以幫助我們找出一檔好基金。

重要資料	功能	蒐集管道
基金官方文件 1. 公開說明書 2. 投資人須知（境外基金） 3. 基金月報	從「公開說明書」與「投資人須知」，可了解一檔基金的成立宗旨、投資方針、基金型態等，相當於一檔基金的介紹說明書，多為每季更新一次。「基金月報」則是每月更新的精簡版的基金簡介，可快速並較即時掌握基金的投資動態與績效表現。	負責基金發行的投信公司或境外基金的總代理機構、以及銷售機構。
基金淨值（表／走勢圖）	可觀察基金價格的漲跌變化，藉此觀察基金過去的表現。	財經報章雜誌、財經網站、基金公司、代銷機構如銀行等。
基金績效評比	觀察一檔基金的績效狀況，是判斷基金表現最重要的參考指標。	●國內基金：投信投顧公會網站 ●海外基金：海外基金評鑑機構、財經基金網站

以上資訊皆可在投信投顧公會（www.sitca.org.tw）、基金發行公司、總代理人、基金銷售單位的官網中查詢下載。

流程 管道 篩選 分析 未來潛力 評估風險 檢視 決定

87

基金官方文件

「申購基金前，應詳讀基金公開說明書」，這是基金投資人耳熟能詳的投資警語。基金公司或總代理人在發行銷售基金時，需提供基金介紹文件給投資大眾參考，包括「公開說明書」、「投資人須知」（境外基金為主）、「基金月報」，前兩者載明了基金的投資策略與目標、收益與風險政策、投資限制、申購／轉換／買回的權益等，後者則是精簡揭露基金的投資動態，像是規模、基金績效、走勢圖、投資標的內容等。

1.「公開說明書」的觀察重點

基金「公開說明書」完整版通常厚達一、兩百頁，對投資新手而言，常感到不知從何讀起，以下是閱讀基金「公開說明書」的重點，新手可以先從這裡研究詳讀（以境內基金的公開說明書為範例說明）：

•封面

從這裡先了解基金的全名、種類、計價幣別、投資風險報酬等級。

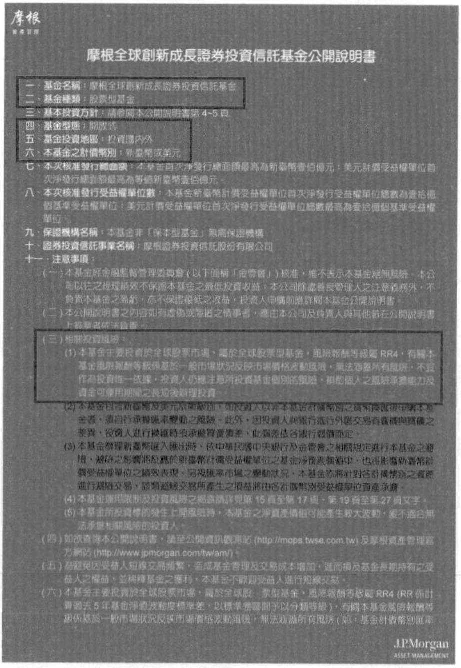
摩根

摩根全球創新成長證券投資信託基金公開說明書

一、基金名稱：摩根全球創新成長證券投資信託基金
二、基金種類：股票型基金
三、基本投資方針：請參閱本公開說明書第 4~5 頁
四、基金型態：開放式
五、基金投資地區：投資國內外
六、本基金之計價幣別：新臺幣或美元
七、本次核准發行總面額：本基金首次淨發行總面額最高為新臺幣壹佰億元；美元計價受益權單位首次淨發行總面額最高為等值新臺幣壹佰億元。
八、本次核准發行受益權單位數：本基金新臺幣計價受益權單位首次淨發行受益權單位總數為壹拾億個基準受益權單位；美元計價受益權單位首次淨發行受益權單位總數最高為壹拾億個基準受益權單位。
九、保證機構名稱：本基金非「保本型基金」無需保證機構
十、證券投資信託事業名稱：摩根證券投資信託股份有限公司
十一、注意事項：
（一）本基金經金融監督管理委員會（以下簡稱「金管會」）核准，惟不表示本基金絕無風險。本公司以往之經理績效不保證本基金之最低投資收益，本公司除盡善良管理人之注意義務外，不負責本基金之盈虧，亦不保證最低之收益，投資人申購前應詳閱本基金公開說明書。
（二）本公開說明書之內容如有虛偽或隱匿之情事者，應由本公司及負責人與其他曾在公開說明書上簽章者依法負責。
（三）相關投資風險：
(1) 本基金主要投資於全球股票市場，屬於全球股票型基金，風險報酬等級屬 RR4，有關本基金風險報酬等級係基於一般市場狀況反映市場價格波動風險，無法涵蓋所有風險，不宜作為投資唯一依據，投資人仍應注意所投資基金個別的風險，斟酌個人之風險承擔能力及資金可運用期間之長短後辦理投資。
(2) 本基金包含新臺幣及美元計價級別，如投資人以非本基金計價幣別之貨幣換匯後申購本基金者，須自行承擔匯率變動之風險。此外，因投資人與銀行進行外匯交易有買價與賣價之差異，投資人進行換匯時須承擔買賣價差，此價差依各銀行報價而定。
(3) 本基金辦理新臺幣匯入匯出時，依中華民國中央銀行及金管會之相關規定進行本基金之避險，避險之影響將反應於新臺幣計價受益權單位之基金淨資產價值中，也將影響新臺幣計價受益權單位之績效表現。另視匯率市場之變動狀況，本基金亦將針對各計價幣別之資產進行避險交易，該類避險交易所產生之損益將由各計價幣別受益權單位資產承擔。
(4) 本基金運用限制及投資風險之揭露請詳見第 15 頁至第 17 頁、第 19 頁至第 27 頁文字。
(5) 本基金所投資標的發生上開風險時，本基金之淨資產價值可能產生較大波動，爰不適合無法承擔相關風險的投資人。
（四）如欲查詢本公開說明書，請至公開資訊觀測站 (http://mops.twse.com.tw) 及摩根資產管理官方網站 (http://www.jpmorgan.com/tw/am/)。
（五）為避免因受益人短線交易頻繁，造成基金管理及交易成本增加，進而損及基金長期持有之受益人之權益，並稀釋基金之獲利，本基金不歡迎受益人進行短線交易。
（六）本基金主要投資於全球股票市場，屬於全球股票型基金，風險報酬等級屬 RR4 (RR 係計算過去 5 年基金淨值波動度標準差，以標準差區間予以分類等級)，有關本基金風險報酬等級係基於一般市場狀況反映市場價格波動風險，無法涵蓋所有風險（如：基金計價幣別匯率

J.P.Morgan
ASSET MANAGEMENT

資料來源：摩根資產管理官網

●基金簡介

掌握一檔基金的重要資訊，從這裡大概就可掌握八成了，像是基金投資內容、投資策略、投資特色、投資需支付的費用（如經理費、保管費）、是否有收益分配（配息）等。

壹、基金概況

一、基金簡介

（一）發行總面額

摩根全球創新成長證券投資信託基金 (以下稱本基金)，首次淨發行總面額，最高為等值新臺幣 (以下同) 貳佰億元，其中，

1. 累積型新臺幣計價受益權單位首次淨發行總面額最高為新臺幣壹佰億元。

2. 累積型美元計價受益權單位首次淨發行總面額最高為等值新臺幣壹佰億元。

（二）基準受益權單位、受益權單位總數及各類型受益權單位與基準受益權單位之增育比率

3. 本基金可投資之國家及地區為澳大利亞、紐西蘭、日本、奧地利、葡萄牙、德國、義大利、瑞典、瑞士、盧森堡、愛爾蘭、荷蘭、挪威、英國、法國、希臘、西班牙、百慕達、芬蘭、美國、加拿大、阿根廷、比利時、丹麥、以色列、俄羅斯、巴西、墨西哥、新加坡、中國大陸、香港、南韓、印度、印尼、菲律賓、馬來西亞、泰國、秘魯、土耳其、智利、波蘭、匈牙利、南非、捷克、哥倫比亞、埃及、卡達、沙烏地阿拉伯、阿拉伯聯合大公國、巴基斯坦、越南、斯洛伐克、烏拉圭及中華民國。

> 了解基金可投資的範圍

（十）投資策略及特色

1. 投資策略

本基金瞄準全球具結構成長潛力的趨勢主軸，採取主動選股策略，挑選企業經營業務或產業具創新發展優勢，帶動長期獲利持續成長，且財務、經營體質良好的個股，追求長期成長機會。

基金之績效評估參考指標為「MSCI 全世界成長指數 (MSCI ACWI Growth)」。本基金之資產配置係遵循投資策略依各產業及公司之基本面等狀況進行投資，不受本基金之績效評估參考指標之限制。

2. 投資特色

(1) 掌握創新成長趨勢：全球人口、科技、生活型態改變，帶動各種創新成長機會，創造投資前景。基金跳脫指數權重與傳統產業類別界線，瞄準這類深具創新成長之趨勢主軸，布局其長線結構成長機會。

(2) 精選成長與品質雙邊的：透過集團在全球各地投資分析師，提供深入個股研究與即時訊息，經由集團縝密主動選股流程，精選持股，挑選具「創新成長」且「品質良好」個股投資，從積極、多元角度強化投資成長潛力並透過紀律執行買入與賣出訊號，避開人為投資盲點。

(3) 全球研經驗堅強投資團隊為後盾：摩根資產管理結合全球資源與堅強在地研究經驗，........

> 掌握基金的投資策略與特色

（廿三）經理費

1. 經理公司之報酬係按本基金各計價類別受益權單位淨資產價值每年百分之一‧二五 (1.25%) 之比率，逐日累計計算，累積型美元計價受益權單位之經理公司之報酬，按該月最後一個營業日依照信託契約第二十條第二項第四款規定換算為等值新臺幣金額，並自本基金成立日起每曆月給付乙次。但本基金自成立之日起屆滿六個月後，除信託契約第十四條第一項規定之特殊情形外，投資於上市、上櫃公司股票、承銷股票、興櫃股票、存託憑證之總金額未達本基金淨資產價值之百分之七十部分，經理公司之報酬應減半計收。

2. 經理公司運用所管理之全權委託投資專戶投資本基金，如委託客戶屬金融消費者保護法第四條所定「專業投資機構」，且原始委託投資資產價值達美元壹佰萬元或等值新臺幣，並於持有本基金受益憑證期間委託投資資產不低於美元伍拾萬元或等值新臺幣者，經理公司得與該客戶約定，將所收取經理費之一部或全部退還予該全權委託投資專戶。

（廿四）保管費

基金保管機構之報酬，係按本基金各計價類別受益權單位淨資產價值每年百分之〇‧二六 (0.26%) 之比率，由經理公司逐日累計計算，累積型美元計價受益權單位之基金保管機構之報酬，按該月最後一個營業日依照信託契約第二十條第二項第四款規定換算為等值新臺幣金額，自本基金成立日起每曆月給付乙次。基金保管機構之報酬，包括應支付國外受託保管機構或其代理人、受託人之費用及報酬。

> 投資基金需負擔的各種費用如何計價

資料來源：摩根資產管理官網

●基金投資

　　詳載現任基金經理人的經歷、是否兼任其他基金的經理人、最近三年此檔基金的經理者是否曾經異動、基金管理團隊應遵守的投資規範等。

四、基金投資
　(一) 基金投資之方針及範圍
　　　詳參前述一、(九) 之說明。
　(二) 證券投資信託事業運用基金投資之決策過程、基金經理人之姓名、主要經 (學) 歷、權限、最近三年擔任本基金經理人之姓名及任期、基金經理人兼管其他基金時，或兼管專業機構之全委帳戶 (反之亦然) 所採取防止利益衝突之措施
　　　1. 決策過程

---

3. 基金經理人
　◎姓名：蓋欣聖
　◎職掌：擬訂投資策略、管理投資組合與證券相關商品操作
　◎學歷：美國雪城大學 (Syracuse University) 企業管理碩士
　　　　　國立成功大學航空太空工程碩士
　◎經歷：2021.02~ 迄今　　　摩根投信投資管理事業部副總經理
　　　　　2018.09~ 迄今　　　摩根環球股票收益基金經理人
　　　　　2017.02~ 迄今　　　摩根新興日本基金經理人
　　　　　2017.02~ 迄今　　　摩根東方科技基金經理人

> 了解現任基金經理人的學經歷

---

7. 經理公司應依有關法令及信託契約規定，運用本基金，除金管會另有規定外，並應遵守下列規定：
　(1) 不得投資於結構式利率商品、未上市、未上櫃股票或私募之有價證券，但以原股東身分認購已上市、上櫃之現金增資股票或經金管會核准或申報生效承銷之有價證券，不在此限：
　(2) 不得為投資於國內未上市或未上櫃之次順位公司債及次順位金融債券：
　(3) 不得為放款或以本基金資產提供擔保：
　(4) 不得從事證券信用交易：
　(5) 不得供理經理公司自身經理之其他各基金、共同信託基金、全權委託帳戶或自有資金買

> 基金管理團隊應遵守這些投資規範

資料來源：摩根資產管理官網

●基金投資風險

　　投資這檔基金可能面臨的風險，通常是落落長的風險揭露文字，投資人在投資之前仍需了解潛在風險，不能有「投資基金穩賺不賠」的錯誤期待。

五、投資風險之揭露
　(一) 類股過度集中及產業景氣循環之風險：
　　　本基金主要投資於全球市場之有價證券，但非集中投資某些類股或產業，因此類股過度集中及產業景氣循環之風險較低，但風險並無法分散投資而完全消除。此外各國市場具有不同之產業景氣循環位置，部分產業可能較有明顯循環週期，亦可能影響本基金之投資績效。
　(二) 流動性風險：
　　　本基金可投資於其交易量或會因市場情緒而顯著波動之工具，或不經常買賣或在相對較小的市場買賣的工具。本基金作出的投資或會面對流通性不足，或因應市場發展及投資者之相反

資料來源：摩根資產管理官網

● 收益分配

這檔基金會不會配息呢？這裡可以查看基金的收益分配政策。

> 六、收益分配
> 　　本基金收益全部併入本基金資產，不予分配。

> 六、收益分配
> 　　(一) 本基金累積型各計價類別受益權單位之收益全部併入本基金之資產，不予分配。
> 　　(二) 本基金月配息型各計價類別受益權單位之可分配收益由經理公司於本基金成立日起屆滿六十
> 　　　　日後，決定收益分配之起始日，並自起始日起依信託契約第十五條第四項規定之時間，按月
> 　　　　進行收益分配。(其它詳細說明請參閱本公開說明書第 8~10 頁一、基金簡介之 (廿六) 是否
> 　　　　分配收益乙節)

資料來源：摩根資產管理官網

● 基金運用狀況

主要載明基金的投資內容（明細）、投資金額與投資占比、基金投資績效（走勢圖）、最近十個年度的投資報酬率與收益分配、基金費用率等。想知道基金的資金如何布局投資、如何分配收益、投資人需負擔的費用率高低，可從這邊查詢（但這裡的資料多為每季更新，想掌握最新狀況需查詢「基金月報」）。

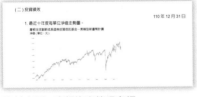

資料來源：摩根資產管理官網

●證券投資信託事業概況

發行基金的公司（投信公司）營運績效如何？從這裡可以看到這家公司的簡介、歷史沿革、組織架構、管理階層簡歷、企業財報等。

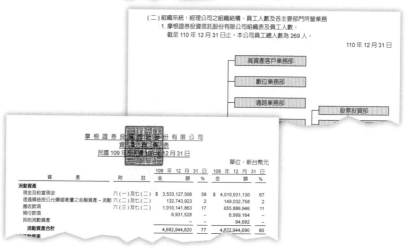

資料來源：摩根資產管理官網

INFO 簡式「公開說明書」

對投資人而言，「公開說明書」資訊量太多，常感到不容易閱讀，投資人也可直接翻閱「簡式公開說明書」，篇幅大多在五頁之內，重要資訊都揭露在此。

資料來源：摩根資產管理官網

2.「投資人須知」的觀察重點

境外基金的「公開說明書」中譯版本，內容極多且難以讀懂，對基金有興趣的投資朋友，可以直接翻閱境外基金的「投資人須知」，通常篇幅不超過五頁，已把基金的重要資訊完整揭露。

●基金基本資料

基金名稱、成立日期、基金型態、基金種類、基金規模、是否有配息級別等，都在此揭露。

資料來源：摩根資產管理官網

●基金投資標的與策略

基金經理團隊會怎麼投資？此處會簡略說明基金的投資標的與投資策略。

●投資基金主要風險

投資境外基金同樣有風險需要留意，這裡也會揭露基金的風險報酬等級。

●基金運用狀況

　　基金投資哪些標的與市場？過去的淨值走勢是漲或跌？過去十年各年度的基金報酬率表現如何？最近的累積報酬率、收益分配狀況，都可以在這裡查詢到。（但這裡的資料多為每季更新，想掌握最新狀況需查詢「基金月報」）。

資料來源：摩根資產管理官網

●投資基金應負擔之費用

　　投資基金需負擔經理費、保管費、手續費等，這裡可以查詢到費用的計算方式。

陸、投資人應負擔費用之項目及其計算方式				
項　目	計算方式或金額			
經理費	每年基金淨資產價值之：A級別－1.25%；C級別－0.60%；I級別－0.60%；F級別－1.25%			
保管費(或行政管理費)	每年基金淨資產價值之：A級別－0.20%Max；C級別－0.15%Max；I級別－0.11%Max；F級別－0.20%Max			
申購手續費 (或遞延銷售手續費)	A級別－最高為5%，外加於申購淨值；無遞延銷售手續費；C級別及I級別－無；F級別－無申購手續費，惟若自申購日起算未超過3年贖回，將按基金贖回時價櫃以遞延銷售手續費率收取遞延銷售手續費，於基金贖回時自買回總價中扣收，遞延銷售手續費率如下：			
	自申購日起之年度	1年(含)以下	超過1年到2年(含)以下	超過2年到3年(含)以下	超過3年
	適用之遞延銷售費率	3%	2%	1%	0%
買回費	A級別－最高自買回淨值扣除0.5%，惟目前並不收取；C級別及F級別－無：			

資料來源：摩根資產管理官網

3.「基金月報」的觀察重點

比起「公開說明書」或「投資人須知」,「基金月報」是比較簡單易懂、且每月更新的基金資訊,害怕讀艱澀文字的投資新手,可以先研讀「基金月報」輕鬆掌握基金的特色與投資重點。

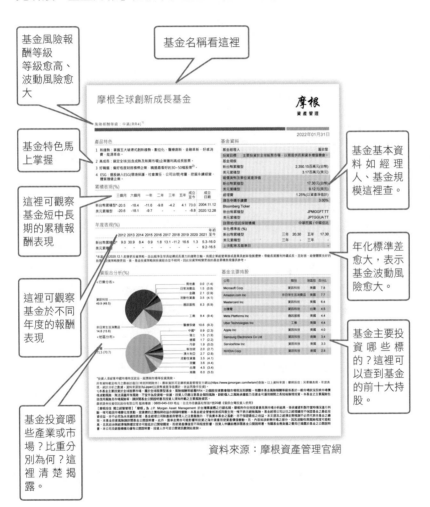

基金風險報酬等級
等級愈高、波動風險愈大

基金名稱看這裡

基金特色馬上掌握

這裡可觀察基金短中長期的累積報酬表現

這裡可觀察基金於不同年度的報酬表現

基金投資哪些產業或市場?比重分別為何?這裡清楚揭露。

基金基本資料如經理人、基金規模這裡查。

年化標準差愈大,表示基金波動風險愈大。

基金主要投資哪些標的?這裡可以查到基金的前十大持股

資料來源:摩根資產管理官網

基金淨值（表／走勢圖）

　　「基金淨值」就是基金的價格，如果基金投資的標的漲多跌少，基金淨值也會持續成長，投資人低買高賣之後，就可獲利豐收。

你應該知道的基金淨值觀念

❶ 基金淨值通常是「買今天、賣明天」

　　如果是今天下單買基金，通常是以「今天」的報價淨值做為買入價；如果是今天下單贖回（賣出）基金，則境內基金通常是以「明天」（次一交易日）的報價淨值做為贖回價（但境外基金則不一定）。當日淨值通常隔日才會公布，因此投資人下單時，是無法立刻得知成交淨值的。

❷ 基金淨值的迷思

✘ 淨值低的基金比較便宜、容易漲，淨值高的基金比較不易獲利。

◯ 淨值高低和未來上漲容易度，是沒有絕對關係的。

✘ 基金淨值漲得太高，接下來必會反轉回檔。

◯ 雖然股票創天價後很容易回檔，但基金投資的是許多股票的集合，基金經理人可以隨時根據個股股價、公司競爭力以及市場景氣變化來調整投資組合，只要選股策略正確，基金淨值還是會持續上揚。

INFO **基金淨值取得管道**

　　各基金公司網站都可查詢，銷售機構如銀行網站同樣能查到基金淨值，財經媒體也有刊載基金淨值。

看懂「基金淨值走勢圖」

　　基金淨值的走勢圖，呈現了一檔基金資產的增減情況，除了受到所投資市場、標的漲跌影響之外，基金經理團隊的操盤功力也左右了基金淨值表現。

資料來源：摩根資產管理官網

觀察重點：
基金淨值是否穩定成長？
遇到市場大跌時是否較為抗跌？
從淨值谷底回到前波高點（恢復力）需時多久？
但歷史淨值表現僅供參考，不能代表未來淨值表現。

看懂基金淨值表

　　每家基金公司的淨值表格式不盡相同但內容大同小異。此處以摩根投信旗下的基金淨值表為例：

基金名稱 ↑	投資類別	計價幣別	最新淨值 ↓
摩根大歐洲基金 - 累積型(新台幣)	股票型	新台幣	18.76 2022/03/17
摩根中小基金 - 累積型(新台幣)	股票型	新台幣	39.8 2022/03/18
🏆 摩根中國A股基金 - 累積型(新台幣)	股票型	新台幣	20.01 2022/03/17
🏆 摩根中國A股基金 - 累積型(美元)	股票型	美元	17.03 2022/03/17
摩根中國亮點基金 - 累積型(新台幣)	股票型	新台幣	14.12 2022/03/17

基金名稱
通常會同時揭露基金的計價幣別、投資級別（如累積型或月配息）

計價幣別
此處標示出各基金的計價幣別。

最新淨值（日期）
各基金最新的淨值報價與報價日期。

前一日漲跌幅 (%)	↓	前一日漲跌點 ↓	風險報酬等級 ↓	月報
0.91%		0.17	中高(RR4)	🗋
0.40%		0.16	高(RR5)	🗋
2.35%		0.46	高(RR5)	🗋
2.90%		0.48	高(RR5)	🗋
5.14%		0.69	高(RR5)	🗋

前一日漲跌幅（漲跌點）
此處標示著各基金最新淨值
比前一交易日的漲跌狀況。

基金績效評比表

基金的績效與報酬率表現，也是投資人最為關心的選擇指標。通常，判定基金的績效表現會以「累積報酬率」和「平均報酬率」來衡量。

「累積報酬率」是指在一段時間內，基金單位淨值的累計成長幅度；「平均年報酬率」是指在一段時間內，基金單位淨值的累計報酬率以複利換算後，所得的年平均報酬率。而比較各基金於不同期間的績效表現，就是「基金績效評比表」了。

看懂境內基金績效評比表

2022/02 基金績效評比目錄

資料來源：證券投信投顧公會網站

● **目錄**
投資人在閱讀基金績效評比資料之前，可先看目錄，找出自己想要了解的基金是屬於哪一分類，再擇頁閱讀分析，不然，很容易看得眼花撩亂。

INFO **境內基金績效評比表哪裡找？**

從投信投顧公會網站（www.sitca.org.tw）中的「統計資料>境內基金各項資料>明細資料>基金績效評比」點入就可查詢。共有「台大教授版本」、「理柏版本（含核備境外基金）」、「晨星版本（含核備境外基金）」三種版本可參考。

投資報酬率及排名

　　這裡詳列了各基金在不同期間的報酬率以及在同類型基金間的排名狀況。各期間的報酬率，是指各基金在各段期間內的淨值累計成長率。投資人可以從中找出短、中、長期、與今年以來排名都是名列前矛的基金，這類的基金，也是績效表現突出的基金。

一．股票型
1.投資國內　　報酬率單位：%

基金名稱	三個月 報酬率	排名	六個月 報酬率	排名	一年 報酬率	排名	兩年 報酬率	排名	三年 報酬率	排名	五年 報酬率	排名	自今年以來 報酬率	排名	年化標準差 (24Mo)	Beta (24Mo)	Sharpe (24Mo)
元大台灣金融基金	7.09	1	8.82	20	43.45	4	44.82	140	62.36	136	101.40	106	2.02	7	19.4134	0.7417	0.3001
復華富時台灣高股息低波動	7.00	2	8.50	72	79.03	93	48.78	141	48.78	149			2.37	4	16.0179	0.6445	0.3740
國泰台灣低波動股利精選30	6.89	3	7.22	32	30.55	25							2.23	6	16.1540	0.6485	0.2852
國泰台灣ESG永續高股息ETF	5.49	4	7.44	31	18.53	87							0.70	10			
新光特選內需收益ETF	4.61	5	3.43	80	16.36	100	24.19	165	34.72	154			1.47	8	11.9335	0.4585	0.2710
元大台灣高股息低波動ETF	4.50	6	4.39	73	29.22	31	57.43	127	71.90	130			1.00	9	16.7323	0.6202	0.4120
群益臺灣加權單日正向2倍	4.31	7	3.37	82	30.80	23	193.11	2	273.28	3			-5.95	63	43.5259	2.2238	0.4216
元大台灣50單日正向2倍	4.21	8	2.49	92	27.00	37	190.14	4	280.80	1	396.77	1	-6.10	66	42.8623	2.1940	0.4229
國泰臺灣加權指數單日正向2倍	4.17	9	3.28	83	30.14	40	195.44	1	774.44	2	382.91	2	-6.07	64	42.9994	2.1996	0.4791
富邦臺灣加權單日正向2倍	4.13	10	3.22	84	30.43	27	192.45	3	271.72	4	378.02	3	-6.16	68	42.1592	2.1596	0.4311
元大台灣高股息	3.13	11	5.89	48	10.64	131	34.51	163	52.45	147	78.29	129	-1.22	16	16.7585	0.7656	0.2739
元大台灣高股息低波...	3.10	12	5.52	55	10.56	134	35.67	161					-1.29	17	16.8035	0.7784	0.2808

資料來源：證券投信投顧公會網站

基金排序是以三個月的績效高低排序，如想依六個月、一年、或五年的績效排序，可以用「網頁版」查詢

跨國投資類的基金，雖然有列排名，但因為各基金投資的市場差異甚大，因此，這裡所列的排名僅做為參考使用，不應用來當做挑選好基金的判斷依據。

一．股票型
2.跨國投資　　報酬率單位：%

基金名稱	三個月 報酬率	排名	六個月 報酬率	排名	一年 報酬率	排名	兩年 報酬率	排名	三年 報酬率	排名	五年 報酬率	排名	自今年以來 報酬率	排名	年化標準差 (24Mo)	Beta (24Mo)	Sharpe (24Mo)
瀚亞巴西	23.22	1	1.08	57	17.63	15	-6.60	461	-21.91	445	-3.51	287	18.53	2	40.8929	1.4296	0.0363
元大巴西指數	22.72	2	-2.66	118	10.74	66	-13.11	477	-26.18	446	-12.76	293	18.79	1	41.4136	1.4592	0.0132
PGIM保誠金磚資源	20.90	3	28.98	1	30.15	4	38.77	74	13.47	314	17.67	237	16.40	3	26.7121	0.9905	0.2126
PGIM保誠拉丁美洲	19.54	4	3.34	19	17.27	19	-0.98	434	-18.25	443	-9.65	289	12.98	8	35.1028	1.3460	0.0481
匯豐資金趨勢股票	18.17	5	1.94	37	8.09	89	52.17	39	39.73	131	37.64	160	11.03	8	26.5039	1.0464	0.2636
野村巴西	18.05	6	-5.87	241	5.74	121	-18.66	443	-27.34	447	-15.19	297	15.31	4	39.4803	1.4140	-0.0156
施羅德環球基金系列拉丁美洲	17.77	7	19.18	2	24.56	7	45.67	54	26.56	217	32.04	188	11.67	7	23.4757	1.0153	0.2626
柏瑞拉丁美洲	14.41	8	-8.66	324	1.85	183	-12.80	476	-25.48	448	-13.48	294	9.84	9	35.6010	1.3797	-0.0022
富邦NASDAQ-100單日反向1倍	11.92	9	7.16	10	-13.30	400	-50.89	499	-59.62	460	-72.08	309	14.46	5	21.8471	-0.9026	-0.4373
野村泰國	10.36	10	4.21	14	-0.06	235	0.97	412	-15.87	441	2.34	279	5.11	20	28.0797	1.2050	0.0409
瀚亞非洲-台幣	9.79	11	6.23	12	15.68	26	29.52	131	8.17	359	19.33	236	5.47	19	26.3990	1.1815	0.1794
安聯全球油礦金屬	9.54	12	12.33	5	11.34	56	33.94	109	9.27	348	4.00	276	8.73	10	25.9233	1.1813	0.1978

資料來源：證券投信投顧公會

新手竅門

Point 1 通常比較基金績效,會從一個月、三個月、六個月、一年、二年、三年及五年等各時期分別做比較。

Point 2 其中一個月、三個月的報酬率因為時間很短,很難用來評斷基金績效的好壞,也不易看出基金經理人的功力,但可以由此觀察基金短期內表現是否有重大異常狀況。

Point 3 通常,基金近六個月的報酬率,雖然期間不算長,但可算是評估基金績效的起始期。

Point 4 而一年、二年的報酬率,可說是評估基金表現好壞的重要判斷依據。國際上對於基金績效好壞的判斷標準,則常以三年、五年期的基金績效來評估,國際基金評鑑機構進行基金評比時,通常也都選擇成立滿三年的基金,才予以評比。

Point 5 多數投資人常會以基金的短線報酬率來判定基金的好壞,其實這樣的觀念是不對的,要判斷一檔基金操作績效的好壞,應以長期累積的報酬率做為客觀的標準。如果只以基金短期的績效表現做為參考依據,體質優良、表現穩健的基金,常會因為短期表現不佳而被忽略。

● **最佳三個月報酬、最差三個月報酬**
代表該基金最佳與最差的三個月報酬表現。

1.投資國內

(第二部份)　報酬率單位:%

基金名稱	最佳三個月報酬率	最差三個月報酬率	十年		自成立日報酬率	基金成立日	年化標準差(12Mo)	Beta(12Mo)	Sharpe(12Mo)
			報酬率	排名					
第一金創新趨勢-A	23.14	-17.57	250.28	48	281.10	2010-10-21	17.2632	1.3278	0.2548
富蘭克林華美第一富	31.72	-16.88	234.39	58	683.80	2002-12-13	26.3399	2.0379	0.2345
元大台灣50單日反向1倍	18.78	-20.05	-		-73.75	2014-10-23	11.2257	-0.9581	-0.4672
華南永昌永昌	30.63	-14.02	327.11	25	677.74	1993-02-16	18.7670	1.2730	0.3462
富邦科技	39.29	-20.76	194.79	88	438.00	1999-01-20	21.9774	1.0473	0.3328
第一金電子	27.75	-14.43	248.00	51	525.00	1999-07-19	16.1508	1.0906	0.1446
景順潛力	21.49	-20.82	83.90	134	624.75	1995-08-09	15.3441	1.0127	0.1491
聯邦精選科技*	26.90	-18.19	272.06	39	169.00	2000-02-08	24.4004	1.6320	0.3510
凱基開創	33.85	-19.37	291.43	36	452.70	2001-10-08	25.0375	1.7985	0.2728
貝萊德寶利	30.24	-17.37	386.44	13	366.50	1999-05-10	12.6789	0.8158	0.1739
國泰中小成長-台幣	27.45	-20.02	212.19	72	852.50	2001-01-10	20.3720	1.0451	0.3435
元大多福	29.87	-20.88	144.67	112	802.10	1994-03-16	20.3700	1.5290	0.1619
街口台灣	29.29	-19.48	121.94	123	303.70	2002-06-04	20.9929	1.2610	0.0379
PGIM保德信金滿意-R	13.44	-4.36	-		0.90	2021-09-27	-	-	-
富邦臺灣中小A級動能50ETF	74.93	-20.45			122.30	2018-05-04	36.6298	2.6034	0.3073
兆豐國際豐台灣	24.11	-20.36	177.41	100	513.90	2008-08-22	21.7782	1.4358	0.3031

資料來源:證券投信投顧公會網站

自成立日報酬率 ●
表示該基金自成立日起至資料截止
日期時的累積總投資報酬率。由於
個別基金的成立日期均不同,因此,
基金自成立日起至今的報酬率是不
列排名的。

基金成立日
這裡可以查到各基金的
成立日期,可以看出哪
些是新基金、哪些是老
基金。

境外基金績效評比表

加入自選視窗	基金名稱	基金英文名稱	一個月 ↓	三個月 ↓	六個月 ↓
☐	安聯東方入息基金 P 配息（美元）	Allianz Oriental Income P-USD	-11.52	-7.64	-8.32
☐	摩根太平洋證券基金	JPMorgan Pacific Securities (acc) - USD	-6.59	-9.38	-7.29
☐	新加坡大華亞太增長基金	United Asia Pacific Growth Fund SGD	-5.79	-6.65	-7.45
☐	PGIM保德信亞太證券投資信託基金	PGIM Asia-Pacific Fund	-2.66	-3.44	-4.52
☐	富達基金-太平洋基金 A股美元	Fidelity Funds - Pacific A-USD-DIS	-9.38	-14.38	-12.18
☐	荷寶資本成長基金-荷寶亞太優越股票 D 歐元	Robeco Asia-Pacific Equities D EUR	0.03	1.46	2.93

● 基金名稱
前面是基金公司的名字，
後面跟著基金的名字。

報酬率(原幣別)									年化標準差三年(台幣)⬇
一個月⬇	三個月⬇	六個月⬇	一年⬇	二年⬇	三年⬇	五年⬇	自今年以來⬇	十年⬇	
-11.52	-7.64	-8.32	-8.29	49.67	89.2	115.74	103.98	186.3	19.3
-6.59	-9.38	-7.29	-8.71	26.16	48.13	82.42	58.05	155.74	13.77
-5.79	-6.65	-7.45	-0.26	25.27	28.17	23.2	33.93	54.18	12.82
-2.66	-3.44	-4.52	-6.08	13.29	12.85	24.72	21.3	35.35	14.43
-9.38	-14.38	-12.18	-7.37	24.86	32.25	47.41	42.54	133.88	18.53
0.03	1.46	2.93	8.49	18.13	24.99	27.2	35.28	118.23	14.94

● 各期間報酬率
這裡詳列了各檔基金在不同期間的報酬率。

年化標準差三年 ●
這裡揭露各檔基金近三年的波動，數字愈高，表示淨值波動程度愈高，風險愈大。

INFO **基金績效評比表取得管道**
1. 投信投顧公會網站（www.sitca.org.tw）右上方依序點入「統計資料>境內基金各項資料>明細資料>基金績效評比」。
2. yahoo! 奇摩基金專區（https://tw.stock.yahoo.com/fund/），點入「績效排行」，可查詢國內基金與境外基金的排行。
3. 基金理財網站與基金評鑑機構（參見附錄P207）。
4. 財經媒體（參見附錄P207）。

流程 ● 管道 ● 篩選 ● 分析 ● 未來潛力 ● 評估風險 ● 檢視 ● 決定

比較基金績效，小心5大迷思

1.不要以偏概全

　　有些基金公司會刻意挑選旗下基金表現最好的某段期間，以此績效大肆宣傳，投資人宜小心以免被誤導。

2.留意不同的「起跑點」

　　同類型基金會因為成立與進場時間不同，使操作績效大相逕庭，因此，如果忽略此項因素比較基金表現，也不算太公平。

3.「除息」需納入投資報酬

　　和股票一樣，基金在配息（收益分配）的基準日，「息值」會從淨值中扣除，因此在計算基金報酬率時，應該考慮配息收益。

4.避免「橘子」與「蘋果」相比

　　將股票基金與債券基金相比，就像拿「橘子」與「蘋果」比較一樣，並沒有意義。還是強調比較基金績效，應該以同類型基金相比較。

5.歷史績效未必重演

　　基金的歷史績效只是投資的「參考」而非「依據」。就像所有基金公開說明書或投資說明書上所附帶的警語所言：「經理公司以往之經營績效不代表未來之表現，亦不保證基金之最低收益」。

步驟4 分析基金的未來潛力

投資基金想要賺錢，就一定要看準基金的未來漲升潛力；要預測基金的未來潛力，就要掌握景氣的循環趨勢。基本上，如果預測未來景氣好，就該投資股票型基金；預測未來景氣不佳，最好以債券型基金做布局。

從景氣循環選擇潛力基金

如下圖所示，不同的景氣階段會有適合的投資工具，掌握了景氣的循環趨勢就能做最佳的布局。

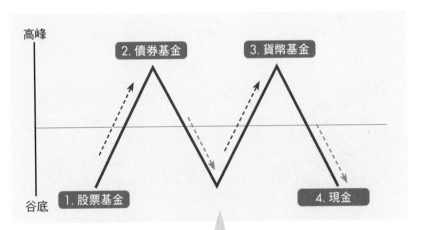

1. 當景氣由谷底翻揚復甦時，利率逐漸由低檔上調，股票市場同步上揚，因此，此時最宜投資→股票型基金、賣出債券型基金
2. 當景氣由高檔開始反轉向下，股市不振，央行也會祭出低利率以刺激景氣，這時最宜投資→債券型基金、賣出股票型基金
3. 至於景氣的高峰期，常見物價上漲，利率攀升，這時最宜投資→具避險與防通貨膨脹的基金，如貨幣型基金、貴金屬基金等
4. 當景氣位在谷底時，因為一切的經濟活動都趨緩，最好→持有現金或貨幣型基金

從另一張圖，也可以參考不同景氣循環下所適合投資的不同基金：

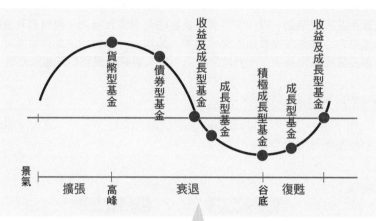

景氣的循環其實不難預測，一般而言，三到五年為一次景氣循環，投資人可以留意各地政府定時公布的景氣指標，便可以一探景氣榮枯的訊息。像台灣主計總處每月公布的領先指標，就是最常被用來判斷景氣榮枯的依據，通常只要領先指標連續三個月上揚，應就是景氣觸底復甦，進場布局股票基金的時機。而當領先指標連續三個月向下時，也表示景氣差不多要開始走下坡了，這時候就應該開始逐步賣出股票型基金求獲利了結，再轉換到較保守的基金例如債券基金。

INFO 經濟景氣循環資料取得管道

台灣：

①政府機關，例如行政院主計總處（www.dgbas.gov.tw）每月所公布的景氣對策信號。

②證券公司或研究單位，例如台灣經濟研究院（www.tier.org.tw），取得景氣調查與研究報告。

國外：

投資海外的共同基金愈來愈多，投資者也需要多多了解海外經濟景氣狀態。投資人可以參考OECD的綜合領先指標（Composite leading indicator (CLI)，https://data.oecd.org/，搜尋CLI），來判斷各國的景氣位階。

步驟 5 分析基金的風險

投資基金除了追求報酬，也必須留意風險，某段期間績效好的基金，未必適合每一個人，主要關鍵就在於基金風險的高低。投資人很容易一味被績效或期望報酬所迷惑，而忽略績效背後蘊藏的風險。因此，在選擇一檔基金之前，應該判斷這檔基金的風險高低，如果能夠挑出風險較低、同時報酬表現較佳的基金，就應是相當不錯的選擇。

判斷基金風險性的四大指標

週轉率

意義：
這是指在某一段時間之內，某檔基金持股的更新次數。

舉例：
如果某基金的月週轉率為135%，即表示該基金在近一個月內的投資組合總共更換了1.35次。

說明：
基金週轉率的高低，代表著該基金操作的積極程度與交易成本，如果週轉率偏高，表示該基金換股較為積極，短線操作明顯，相對地，交易成本也會較高，這部分可能會影響基金的績效。

判斷竅門 數值愈大，風險愈高

波動值

意義：
波動值（volatility），代表著基金的可能變動程度。當波動值愈大，表示這檔基金未來價格的變動程度愈大。

舉例：
一年期標準差為20%的基金，表示這檔基金的淨值在一年之內有可能上漲20%，但也有可能下跌20%，換句話說，投資這檔基金，雖然有機會賺取暴利，但也有可能大幅虧損。

說明：
如果兩檔基金在某段期間內的投資報酬率相同，投資人選擇標準差較低的基金，承擔的投資風險相對較小；反之，如果兩檔基金的波動值是相同的，則投資人選擇報酬率較高的基金較佳。

判斷竅門 數值愈大，風險愈高

INFO 風險性指標取得管道

境內基金：投信投顧公會網站（www.sitca.org.tw）右上方依序點入
「統計資料>境內基金各項資料>明細資料>基金績效評
比」依序點入便可取得。

境外基金：國外基金評鑑機構的境外基金績效比較表（見附錄網址）
都可以查到重要的風險性指標。

貝它係數

意義：
貝他係數（Beta；β）主要是用
來衡量單一股票基金與其參考指
標間的相對關係。

舉例：
當某基金的貝他係數大於1，表
示在大盤上揚10%時，該基金上
漲幅度會超過10%；換言之，當
某基金的貝他係數為1.5時，表
示在大盤上漲10%時，這檔基金
會上漲15%；反之，當大盤下跌
10%時，這檔基金淨值則會下跌
15%。

說明：
因此，在股市前景展望佳時，投
資專家多會建議投資人布局貝他
係數較高的基金，以求獲取較高
的報酬。

判斷竅門 數值愈大，風險愈高

夏普係數

意義：
夏普係數（Sharpe）為經過風險
調整後的績效指標，表示投資人
每多承擔一分風險，可以得到的
超額報酬。

舉例：
夏普係數如果為正值，表示該基
金報酬率高於基金的波動風險；
如果夏普係數為負值，代表這檔
基金的操作風險大於報酬率。

判斷竅門 數值愈大，投資人所承擔
的風險愈值得

步驟6 檢視該基金是否適合自己

投資共同基金時固然要挑選好的基金,但更重要的是挑出最適合自己的基金,才能最滿足自己的需求與期望。至於挑出最適合自己的基金的方法,可以透過「基金適合度」的檢視表格,幫助你篩選、挑選出與自己最速配的基金。

基金適合度檢視表

一檔好的基金是否適合自己,必須先要問問自己的基本資料與需求,包括年齡、理財目標、期望報酬、風險承受度與偏好的基金類型等,再根據這些項目分別列出適合的基金種類或型式,與候選的好基金一一比較,符合數愈高的基金,表示愈適合自己。

基金適合度檢視表				
檢視項目	適合基金類型	基金 A	基金 B	基金 C
年齡				
理財目標				
期望報酬				
可承受的風險				
偏好的基金類型				
符合數				

實例

小李今年35歲，希望透過基金投資，為自己的孩子籌措教育基金，小李必須要評估自己對基金投資的期望報酬，以及自己的風險承擔程度，便可以完成下面的「基金適合度檢視表」。

基金適合度檢視表					
檢視項目		適合基金類型	基金 A	基金 B	基金 C
			XX 台灣基金	XX 亞洲基金	XX 平衡基金
年齡	35歲	股票型基金	✓	✓	
理財目標	子女教育基金	收益型平衡型區域股票型		✓	✓
期望報酬	年平均報酬5%	股票型基金	✓	✓	✓
可承受的風險	中高度風險	成長型股票基金	✓	✓	
偏好的基金類型	海外市場基金	股票型基金		✓	
符合數			3	5	2

結果分析

根據「基金適合度檢視表」的結果，基金 B—XX 亞洲基金，符合數高達 5，是最適合小李的基金。

如果好基金很多，積分也不相上下，投資人可以斟酌以分散投資的方式逐一布局，但手上的基金最好不要超過五支，因為投資太多基金，會造成後續觀察投資損益時的壓力與負擔。

步驟 7 決定

挑出合適的基金後，再透過以下的檢視表覆檢一遍，如果符合檢視項目，就可以得到一分，積分愈多，愈有資格成為投資新手的第一檔基金。經過這樣嚴謹的方式篩選出的基金，基本上就是相當不錯的基金。

綜合檢視表

以下「綜合檢視表」共有12個檢視項目，做完測驗後，如能夠挑出積分超過10分以上的基金，就是相當優異的基金，可以此做為布局投資的首選。

綜合檢視表			
請依照下列檢視項目勾選答案，計分方式：□是→1分，□否→0分			
檢視項目	基金 A	基金 B	基金 C
1. 是否有親友、媒體或專家推薦	□是 □否	□是 □否	□是 □否
2. 是否具備好基金的特質	□是 □否	□是 □否	□是 □否
3. 績效表現優異	□是 □否	□是 □否	□是 □否
4. 由好的基金公司管理	□是 □否	□是 □否	□是 □否
5. 由好的基金經理人管理	□是 □否	□是 □否	□是 □否
6. 是否搜集足夠資訊做過初步分析	□是 □否	□是 □否	□是 □否
7. 是否詳閱基金之公開說明書	□是 □否	□是 □否	□是 □否
8. 是否觀察基金的淨值變化	□是 □否	□是 □否	□是 □否
9. 是否細究基金績效評比狀況	□是 □否	□是 □否	□是 □否
10. 基金的未來潛力是否佳	□是 □否	□是 □否	□是 □否
11. 基金的風險性是否合理	□是 □否	□是 □否	□是 □否
12. 基金是否適合自己需求	□是 □否	□是 □否	□是 □否
總分	＿＿＿分	＿＿＿分	＿＿＿分

如何申購
共同基金？

經過這些學習，想要為自己申購第一檔基金了嗎？基金的申購其實十分方便，除了親自到基金公司、或代銷銀行辦理之外，現在，上網就可以輕鬆買到中意的基金，基金新手可以選擇最方便、最經濟的管道，跟著本篇的 step by step 申購自己的第一檔基金。

本篇教你

- ✅ step by step買基金
- ✅ 選擇買基金的金融機構
- ✅ 看懂交易確認書

買基金 step by step

在台灣買基金十分方便，流程也相當簡單，不過，投資人在申購前必須先弄清楚不同種類的基金要到哪裡買，才不會白跑一趟。

去哪裡買基金？

基金種類	買賣地點
境內基金	1. 基金（投信）公司
	2. 代銷銀行
	3. 基金交易平台
	4. 證券商、郵局
境外基金	1. 總代理人（投信、投顧）
	2. 代銷銀行
	3. 基金交易平台
	4. 證券商

INFO 境外基金銷售機構這裡查

　　如已相中某檔境外基金、但不確定可以去哪裡買基金？可到「基金資訊觀測站」（https://announce.fundclear.com.tw），從網頁上方的「機構查詢」點入「基金銷售機構查詢」即可查到這檔基金的銷售機構有哪些。

如何買基金？

在台灣，買基金幾乎已是全民運動，無論是要投資投信公司發行的「境內基金」，或總代理人引進的「境外基金」，流程都十分簡便。

買基金的流程

step 1.到銷售機構開戶

想投資「境內基金」，除了到發行基金的投信公司，也可以到代銷機構如銀行、基金交易平台或代銷證券商；想投資「境外基金」，則可到總代理人（投信、投顧）與銀行、基金交易平台等代銷機構買基金。但在下單之前，必須先完成開戶手續。

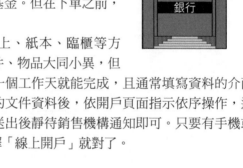

目前基金開戶有線上、紙本、臨櫃等方式，開戶時要準備的文件、物品大同小異，但「線上開戶」最快只需一個工作天就能完成，且通常填寫資料的介面友善易懂，準備好必需的文件資料後，依開戶頁面指示依序操作，通常十來分鐘就可填完，送出後靜待銷售機構通知即可。只要有手機或電腦，建議大家直接選擇「線上開戶」就對了。

■開戶買基金的主要方式

開戶方式	線上開戶		紙本郵寄開戶	臨櫃開戶
	晶片金融卡開戶	網路銀行開戶		
開戶者限制	20歲以上之中華民國國民	20歲以上之中華民國國民	未成年者多須使用書面郵寄或臨櫃辦理開戶。	
需準備的物品	1. 晶片讀卡機 2. 扣款帳戶的晶片金融卡 3. 身分證及第二證件之正反面照片圖檔	1. 身分證及第二證件之正反面拍照圖檔 2. 網路銀行帳號及登入所需資料或銀行存摺 3. 本人簽名圖檔	1. 身分證及第二證件之正反面拍照圖檔 2. 扣款帳戶的存摺、原留印章圖檔 3. 本人簽名圖檔	1. 身分證及第二證件 2. 扣款帳戶的存摺、原留印章
開戶完成時間	一般需要2-4個工作天 最快只需一個工作天	一般需要2-4個工作天 最快只需一個工作天	需7-10個工作天 有些需要1個月以上	需7-10個工作天 有些需要1個月以上
說明	1. 並非所有銀行的晶片金融卡都適用，開戶前須查明清楚。	1. 線上填寫資料，登入配合的網路銀行約定扣款，取得線上授權。 2. 並非所有銀行的網路銀行都適用，開戶前須查明清楚。 二至六個月內（各銷售機構規定不同）須完成開戶，不然已填寫的網路資料會被清除	1. 線上填寫資料，需列印相關文件寄回銷售機構 2. 有些銷售機構提供免費至便利商店寄件服務	1. 不善於上網填資料的民眾，可以臨櫃開戶

開戶流程說明

不同銷售機構的開戶填寫流程會有些差異，比如A基金公司先填寫「風險評估表」，B銷售平台則是最後才填寫「風險評估表」，這些差異不會影響投資人的開戶權益，只要照著指示一步步填寫即可。

在「銀行授權」這個步驟，系統通常會同步進行「境內基金與境外基金」的授權，換言之，只要跟著頁面依序填寫，完成授權後，買賣基金都是在同一帳戶中扣款與匯款，收益分配（配息）時，也是匯到同一個銀行帳戶內。

開戶文件送出之後，基金公司或銷售機構會進行文件的審核作業，等審核作業完成後，就會透過E-mail通知開戶者登入帳密與交易密碼，就可以開始買基金了。

---

① 填寫「風險評估」
• 了解自己的投資屬性

➡

② 身分確認
• 填寫個人資料
• 提供個人證件供驗證

⬇

④ 資料確認
• 確認資料都填寫正確無誤
• 簽署文件
• 送出開戶申請

⬅

③ 銀行授權
• 約定扣款銀行與帳戶
• 買賣基金直接自此帳戶扣款與匯款
• 只要同時進行境內及境外扣款帳戶授權
• 就可同時買賣境內基金與境外基金

也可以直接用「外幣」扣款買基金

擁有外幣銀行帳戶者，也可以直接用外幣買賣基金，但通常「線上開戶」僅能使用台幣銀行帳戶，如要使用外幣銀行帳戶扣款買賣基金，則需以書面方式申請開戶。

開戶贈優惠

為爭取客戶，基金公司或銷售
機構常提供手續費優惠給新開
戶者，投資朋友可多多比較、
善加利用。

step 2.下單買基金

開戶完成，終於可以下單買基金了，雖然投資朋友也可以選擇臨櫃、郵寄、或傳真交易，但網路下單不但方便，交易成本（手續費）也較為低廉，投資新手一定要學會網路交易買基金。

■買基金的下單方式

交易方式	臨櫃／郵寄／傳真交易	網路交易
交易時間	臨櫃需於上班時間進行 郵寄與傳真則隨時皆可	一天24小時皆可
方便性	需要親自到現場／需要出門郵寄／ 需要傳真機傳真文件 較不方便	有手機與電腦網路即可交易
交易成本	手續費較高	手續費通常有折扣 常有零手續費優惠
附加服務	不定期的投資刊物或報告	即時市場與產品資訊隨時可查
下單流程	1. 填寫【申購書】（若要投資非投資等級債券（如高收益債）為主的基金，還要加填【風險預告書】） 2. 匯款 3. 臨櫃／郵寄／傳真【申購表單】+【匯款證明】 4. 與銷售機構確認是否下單完成	1. 登入基金公司或銷售機構的「交易網站」 2. 進行「上網買基金」交易程序（見P121説明） 3. 下單完成後，系統將自動於指定的銀行帳戶中進行扣款

網路交易的人力與維護成本
通常較低，因此，基金公司
與代銷機構都非常樂意透過
降低手續費，來吸引投資人
上網交易。

「上網買基金」的流程

1. 拿出帳號密碼，登入電子交易（線上交易）平台。

通常帳號就是自己的身分證字號，如果登入密碼輸入錯誤超過三次（或五次）帳號就會被鎖定，需要聯繫客服人員才能解決。

2. 選擇基金交易

如果想要單筆申購基金，就點選「單筆申購」。

如果想要定期定額買基金，就點選「定期定額」。

3. 選擇想要申購的基金

如果想投資的基金有不同計價幣別（如新台幣、美元、人民幣、南非幣等）、不同級別（累積或月配息），也要看清楚想明白之後再點選。

4. 決定申購的金額與扣款帳戶

通常單筆申購最少一萬元台幣起跳，定期定額則是3,000元至5,000元起跳。若只有約定一個扣款帳號，通常系統會自動將扣款帳號代入。定期定額投資基金者，則需選擇每月扣款日期。

5. 使用手續費優惠

新戶通常會享有一些手續費優惠，記得點選使用。

6. 確定申購的細節無誤

特別是基金名稱、申購金額、扣款帳號（以及定期定額的每月扣款日期）都要正確無誤。

7. 閱讀文件與同意事項並勾選「已閱讀」、「已了解」

必須閱讀的文件像是「基金公開說明書」、「風險預告書」、「基金費用率與報酬率宣告」等文件。

8. 輸入交易密碼

　　同樣的，如果交易密碼輸入錯誤超過3次（或5次），帳號就會被鎖定，需要聯繫客服人員才能解決。

9. 送出交易資訊，交易完成

　　可以在交易頁面中的「委託交易查詢」中，確定委託狀態是否為「委託成功」。

　　如是定期定額投資，可在「委託交易查詢」中確定下次的扣款日期，且必須在該日期00:00之前，存入足夠的扣款金額。如果連續三次扣不到款項，此筆定期定額交易就會自動失效。

除了「定期定額」，有些基金公司或交易平台也推出「定期不定額」，也就是，淨值跌多時加碼多扣，淨值上漲時減碼少扣，長期可增加獲利機會與空間，對閒置資金較有彈性的投資人來說，可以嘗試這種投資方式。

step **3.確定交易成立**

　　完成基金申購之後，在過往，投資人會收到基金公司或銷售機構交付的「受益憑證」或「信託憑證」，當做持有基金的權益證明，但近年來，受益憑證已採行無實體發行，也就是利用電腦自動化作業，精確刊載投資人持有的基金單位數額，所以目前基金公司或銷售單位，已不再印製交付實體的「受益憑證」了。

　　取而代之的，在完成基金申購手續之後，大約在7個營業日之內，基金公司或銷售單位會寄送「交易確認單」（在開戶時，投資人需選擇「交易確認單」的收取方式，像是郵寄或email），投資人收到後須仔細核對保存。

買基金之前，要確定約定的銀行帳戶有足夠的金額可供扣款。如扣款失敗，申購基金的交易便無法成立，而銷售機構會以email方式寄發【扣款失敗通知書】給投資者。

看懂申購基金的交易確認書

無論基金的申購、贖回或轉換，任何一筆基金交易，基金公司或代銷機構都會寄發「基金交易確認書」給投資人，讓投資人核對留存。這裡針對投資人透過網路定期定額申購基金後的電子交易確認書做說明，投資人也可到交易網站隨時登入查閱。

● 申購類型
可能是定期定額、定期不定額、或單筆申購，這部分也要留意有沒有錯誤。

● 計價幣別
如果是境內基金計價幣別都為台幣，如果是境外基金，計價幣別可能是美元、歐元或日圓等，有時一檔境外基金會有兩種計價幣別可供選擇，須留意這裡是不是自己當初所選擇的計價幣別的基金。

摩根境外基金交易確認書

親愛的 ▇▇▇ 先生，您好：

以下是您的交易確認通知，請查核以下交易明細是否正確，並請金前應詳閱投資人須知和公開說明書，請您立刻點選此處下載詳

台幣交割

定期(不)定額

基金名稱	計價幣別	申購類型	申購金額 (新台幣)	匯率	申購金額 (原幣)
摩根中國基金美元累計	美元	定期不定額	5,000.00	1:28.4025	176.04
摩根美國科技基金美元累計	美元	定期不定額	5,000.00	1:28.4025	176.04
小計					

您目前的「境外基金」扣款成功累計月數為 37 個月，境外定期(不)>

● 基金名稱
此為投資人選定要投資的基金名稱，須核對看看有沒有錯誤。

● 申購金額（新台幣）
以前述的匯率換算成外幣後的交易金額。

● 匯率
如果是境外基金，這裡會揭露申購交易時敲定的匯價。

● 申購金額（原幣）
核對一下與當初填寫申購單的交易金額是否一致。

一般來說，當投資人申購基金完成之後，大約會在一週之後收到基金公司的交易確認書，以便核對、紀錄最新的交易細節。

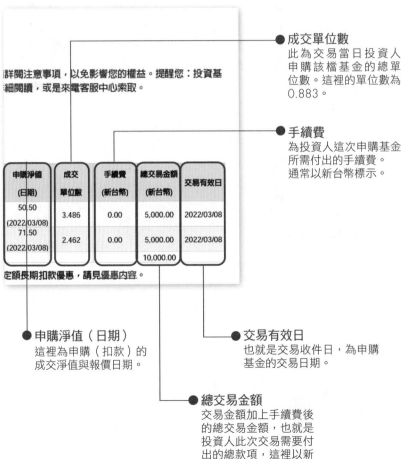

● 成交單位數
此為交易當日投資人申購該檔基金的總單位數。這裡的單位數為0.883。

● 手續費
為投資人這次申購基金所需付出的手續費。通常以新台幣標示。

詳閱注意事項，以免影響您的權益。提醒您：投資基
細閱讀，或是來電客服中心索取。

申購淨值 （日期）	成交 單位數	手續費 （新台幣）	總交易金額 （新台幣）	交易有效日
50.50 (2022/03/08)	3.486	0.00	5,000.00	2022/03/08
71.50 (2022/03/08)	2.462	0.00	5,000.00	2022/03/08
			10,000.00	

定額長期扣款優惠，請見優惠內容。

● 申購淨值（日期）
這裡為申購（扣款）的成交淨值與報價日期。

● 交易有效日
也就是交易收件日，為申購基金的交易日期。

● 總交易金額
交易金額加上手續費後的總交易金額，也就是投資人此次交易需要付出的總款項，這裡以新台幣來揭露。

網路買基金，選誰比較好？

買基金要到投信公司還是代銷機構，或是如何從眾多的代銷機構中挑出最好的投資夥伴，其中的學問也必須好好了解一番。

篩選申購機構的重點

Point 1.方便性

這裡的方便性，除了交通便利之外，更重要的是，帳戶管理的方便性。投資人如果能選擇常往來的金融機構，或是直接用自己的薪資帳戶銀行，在投資時，就不用將錢搬來移去，定期定額投資基金時，也不會因為忘了存錢而扣款失敗。

Point 2.服務＆專業

有些投信公司專為客戶設置免付費服務電話、或提供語音傳真的各項服務，有些銀行理財專員服務十分周到，也會不時寄送投資刊物給客戶，這些服務在投資基金之後，都是非常需要且重要的。投資人在申購基金之前，不妨先打電話試探一下客服人員的專業與服務態度。

通常，銀行連續三次扣不到客戶約定的款項，該契約便會自動終止失效。投資人想要再透過定期定額做投資，就必須重新申辦。

Point 3.手續費

基金公司、代銷機構與基金交易平台為吸引投資人，會不時推出手續費折扣的優惠活動，有時候雖然是在同一時間申購同一檔基金，手續費也會因為在不同的銷售管道而不一樣，投資人可以多比幾家，如果可以找到服務佳、也正好提供手續費折扣優惠的銷售通路，應是最好的選擇。

Point 4.上架基金數

在台灣可投資的境內與境外基金數量已達數千檔，每一家基金公司的旗艦基金不同，而且也常發生：想買美國科技基金，發現績效最好的是A基金公司發行代理的基金；想買台股基金，結果是B基金公司的台股基金表現最突出。如果到「基金品牌種類齊全」、「上架基金數量眾多」的基金平台或代銷機構買基金，就可以一次購足想要申購的基金。

■不同申購管道的比較

比較項目	投信投顧公司	基金交易平台	代銷銀行	代銷證券商
方便性	實體服務據點較少	實體服務據點較少	實體服務據點較多	實體服務據點還算普遍
服務專業性	較能了解基金經理人的投資想法與策略	提供多元市場分析與投資觀點	提供多元投資觀點與理財建議	大戶享有較佳服務
手續費交易成本	較低 常有手續費優惠 老客戶常有0手續費優惠	較低 常有手續費優惠 長期投資享有更佳優惠	普通 除了手續費還需負擔信託管理費 (每年0.1%-0.3%贖回時收取)	普通 手續費折扣空間較有限
上架基金	選擇較侷限 以自家與代理的基金為主	選擇多元 約2000-4000多檔 各家基金公司的產品	選擇多元 有多家基金公司的產品可選	選擇蠻多 以簽約代銷的基金公司產品為主

7 我的基金
賺錢了嗎？

　　基金投資後的賺賠情況，相信是所有投資人最關心的部分。要觀察基金的賺賠，可以透過哪些管道？如何計算基金的報酬率？如何解讀基金對帳單？都將在本篇仔細解說，讓每一位基金投資人學會算出自己的基金投資報酬。

本篇教你

- ✅ 哪裡可以查到基金淨值？
- ✅ 計算基金賺賠
- ✅ 投資基金的費用

我的基金賺還是賠？

基金的賺賠，是投資人最關心的焦點。簡單來說，直接觀察基金淨值的成長或衰減，即可看出自己投資資產的增減。換句話說，想要知道所投資的基金是賺還是賠，只要盯著基金淨值就可以了。

4個管道得知基金賺賠

管道 1.報紙/理財資料網站

財經媒體如報紙、理財網站，多數會同步刊載基金淨值，投資人可以隨時查閱，看看手中的基金淨值是漲還是跌。

資料來源：經濟日報（money.udn.com）＞證券＞國內共同基金

管道 2.對帳單

想要核對自己的基金交易細節與投資概況，除了「交易確認書」之外，核對「對帳單」也十分重要。

基金公司或代銷機構通常會在每月、每季或每半年為投資人寄上「對帳單」，投資人可以透過對帳單了解自己在這家基金公司或代銷機構的投資現況。網路交易戶也會收到基金公司寄發的電子對帳單，或可隨時上網查詢自己的基金投資組合現值。

管道 3.基金公司／銷售機構網站

　　每日的基金淨值由誰公布？當然是基金發行者（投信）或總代理機構，所以，到基金公司查詢基金表現，是最方便的管道。其他銷售機構如銀行或基金平台網站，也會同步提供基金淨值與漲跌資訊。

管道 4.證券投信投顧公會

　　證券投信投顧公會網站（https://www.sitca.org.tw/ROC/FUNDINF/Fund.aspx）提供基金試算服務，只要鍵入「申購基金時間」、「投資金額」、「投資方式」（單筆投資或定期定額）、「贖回基金的時間」，就會根據基金淨值的表現，試算出你的投資賺賠。

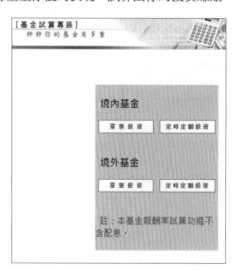

資料來源：證券投信投顧公會網站

看懂對帳單

這裡以網路投資基金的對帳單為例做說明。

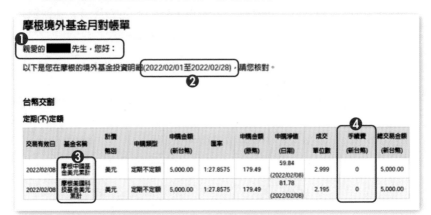

摩根境外基金月對帳單

❶ 親愛的 ███ 先生，您好：

以下是您在摩根的境外基金投資明細(2022/02/01至2022/02/28)，請您核對。 ❷

台幣交割

定期(不)定額

交易有效日	基金名稱 ❸	計價幣別	申購類型	申購金額 (新台幣)	匯率	申購金額 (原幣)	申購淨值 (日期)	成交 單位數	手續費 ❹ (新台幣)	總交易金額 (新台幣)
2022/02/08	摩根中國基金美元累計	美元	定期不定額	5,000.00	1:27.8575	179.49	59.84 (2022/02/08)	2.999	0	5,000.00
2022/02/08	摩根美國科技基金美元累計	美元	定期不定額	5,000.00	1:27.8575	179.49	81.78 (2022/02/08)	2.195	0	5,000.00

截至 2022/02/28 之投資組合明細

基金名稱	計價幣別	持有單位數 ❺	基金淨值 (日期) ❻	平均 單位成本 (原幣) ❼	總成本 (新台幣) ❽	匯率	現值 (新台幣) ❾	報酬率 ❿
摩根中國基金美元累計	美元	27.399	56.83 (2022/02/28)	72.05	55,000.00	1:28.036	43,655.00	-20.63%
摩根多重收益基金美元累計	美元	8.728	215.08 (2022/02/28)	183.29	48,480.00	1:28.036	52,630.00	+8.56%
摩根美國科技基金美元累計	美元	15.627	80.28 (2022/02/28)	91.96	40,000.00	1:28.036	35,172.00	-12.07%
台幣合計					143,480.00		131,457.00	-8.38%

❶ 個人資料

看看自己的姓名是否無誤，確定這份是自己的基金投資對帳單。

❷ 日期

這裡顯示此份對帳單為截至何時為止的對帳單。通常在11月初才會收到，所以如果投資人在11月初有進行投資，就不會顯示在這裡的對帳單上。

❸ 基金名稱

這裡會列出你所投資的所有基金名稱。通常一家基金公司如果有分別銷售境內基金跟境外基金的話，會分成境外基金對帳單與境內基金對帳單兩份分別寄送，給客戶核對。

❹ 手續費

有些基金公司提供手續費後收的服務，基金持有愈久，可享有愈低的基金手續費。這裡顯示之前的交易投資為「前收手續費」。

❺持有單位數

此為當初你所投資的基金單位數。

❻基金淨值

這裡為對帳單截止日當天該基金的淨值。

❼平均單位成本

這裡顯示你投資這檔基金過程中的平均單位成本。如果是單筆投資的，就是顯示當初單筆投資時的基金淨值；如果是定期定額投資，這裡會幫你計算好平均你買入的基金淨值是多少。

❽總投資成本

這裡揭露你所持有各檔基金的總投資成本，也就是你所投入的總投資金額。這裡是不含手續費的部分。

❾市價總值

也就是試算如果你在對帳單截止日當日贖回這些基金，該基金的市場現值。「市場總值」減掉「總投資成本」也就是所投資的賺賠金額，也可以計算出投資報酬率了。

❿投資報酬率

是指如果你在「對帳單截止日」當日贖回賣掉基金，試算的投資報酬率。因為基金淨值每天是變動的，所以如果你在收到對帳單時，就跑去贖回賣出基金，結果的報酬率是會不一樣的。

基金對帳單會直接列出你的投資報酬率，但所計算的基金淨值是用過去的資料，所以僅做參考用，如果想要知道最新的投資報酬狀況，還是自己查出最新的基金淨值，再自行試算最佳。

「預估現值」＝參考價格 × 單位數 × 參考匯率

如何計算基金賺賠？

投資基金，最期待的就是淨值的成長，淨值漲愈多，投資報酬便愈高；淨值的成長幅度，再乘上當初申購基金所得的單位數，即可算出「資本利得」，這也是投資基金最主要的報酬來源。

計算基金賺賠公式：

資本利得／損＝（當日淨值－投資時的淨值）×申購單位數

舉例

小王一年前投資易博士基金，買進淨值為10元，總共購得10,000個基金單位數。在11月28日時，小王在報紙上查到11月27日基金淨值的最新報價為11.82元。

換句話說，小王投資易博士基金，淨值成長了1.82元，因此，小王目前為止投資該基金是賺錢的。

計算基金賺賠公式：
（當日淨值－投資時的淨值）×申購單位數
（11.82－10）×10,000＝18,200元。
小王共賺得18,200元。

基金最適合中長期的理財規畫，不適合短線進出買賣，因此，不必要因為基金一時的漲跌而影響心情或是放棄投資。

投資基金的費用

任何投資都會產生費用與成本，尤其基金是委交給經理公司管理，所以，相關的費用更是不可少。不過，對投資人而言，除了「基金申購手續費」需要額外支付之外，其他的費用都是直接從基金資產中扣除，投資人是不用另外支付的。

必須支付的4種投資費用

費用 1 申購手續費（外收）

申購基金時需要支付申購手續費，由基金公司收取。
一般而言，外幣計價的境外基金手續費率約 2.5%～3%；境內股票基金手續費約 1.5%，債券基金約 0.5%。

費用 2 基金經理／管理費（內扣）

此項費用是支付給基金公司，通常股票型基金費率約1.2%～1.75%，債券型基金費率約0.3%～1%上下，因為這項費用是由基金資產中自動扣除，投資人不需要額外支付，所以，投資人一般對於這項費用，較沒有成本感覺。

費用 3 信託保管費（內扣）

這是支付給保管銀行的資產保管費用，費率大約是每年0.05%～1%之間。同樣地，這項費用也是直接由基金資產中扣除，不用另外支付。

費用 4 轉換手續費（外收）

當投資人要將手中的基金轉換成另一檔基金時，基金公司或銀行所收取的手續費用。轉換手續費的收取方式通常可分為內扣與外收，一般費率約為0.5%，有些銀行還會再另外加收 500 元手續費。

　　除了上述費用之外，還有一些「內扣費用」常被大家忽略，像是經理人投資時產生的手續費、交易稅等，或是營運開支等費用，有的基金費用率不到1%，有的則高達2.50%。如果費用太高，難免會侵蝕到基金的資產、影響基金的表現，且同一檔基金的不同級別，費用率也不盡相同，股票型基金的費用率通常較高，債券型基金則相對較低。每檔基金的費用率，可以從「公開說明書」、「投資人須知」中查閱。

INFO　「費用率」的揭露

　　從「投信投顧公會」建置的「基金資訊觀測站」（https://announce.fundclear.com.tw/）中的「基金總覽」專區，可查詢所有境內基金、境外基金的「近五年費用率」，這裡的費用率包含：交易直接成本—手續費、交易稅；會計帳列之費用—經理費、保管費、保證費及其他費用等，而「費用率」就是這些費用占基金資產價值的比率。

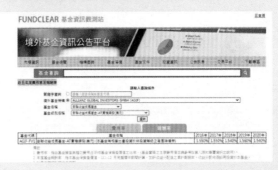

INFO　手續費後收型基金

　　一般基金大多是「前收型」（買基金時直接收取申購手續費），但有些基金公司也推出「後收型」基金，也就是買基金時不必支付手續費，之後再依投資年期，收取「逐年遞減的手續費」（遞延銷售手續費），且持有一定期間（如三年、四年之後）則手續費歸零。但這類基金多數還需負擔「分銷費」（基金行銷的費用，每年收取約0.75%-1.5%，屬內扣費用），這部分常被忽略，投資之前，一定要搞清楚自己投資的是哪一類型的基金。

INFO 短線交易買回費用

　　投資基金必須要有長抱的打算，若持有天數太短（通常為14天或一個月內），則贖回基金時有可能因違反「短線交易條款」而被額外收取一筆費用，也就是「短線交易買回費用」（費率約0.3%），詳情要參閱各基金的公開説明書或投資人須知。

不同基金類型的費用

費用	境內基金（台幣計價）		境外基金（外幣計價）	
	股票型	債券型	股票型	債券型
手續費	1.5%為上限	約0.5%	2.5%～3%	2.5%～3%
經理費	投資台灣股市約1.5%上下 投資海外股市約1.75%上下	約0.35%	約1.5%上下	約1%
銀行保管費	0.12%～0.3%之間	0.05%～0.09%之間	約0.8%～1%上下	約0.1%上下
轉換手續費	股票型轉股票型→一般費率約為0.5% 股票型轉債券型→一般費率為0.5%～0%	債券型轉股票型→一般費率約為1.5%～0.5% 債券型轉債券型→一般費率為0%	一般約0.2%～0.5%；部分基金因淨值有買賣價差，因此轉換時不會扣轉換費0.2%～0.5%；有時轉換需加手續費台幣500元；部分基金公司旗下基金，例如由股票型或債券型基金轉入貨幣型基金，不另收轉換費。	

　　每家基金公司收取的費用都不盡相同，投資前必須問清楚，哪些費用是需要額外支付，哪些是由基金資產內扣。

計算我的投資損益

除了可以從對帳單上看到投資損益之外，如果要仔細算出每筆基金投資的真實報酬狀況，還是得自己提筆計算。基本上，要先算出基金淨值的成長為自己賺進多少錢，加上配息的收入，再減去投資時所產生的額外費用，例如手續費與稅賦，就大功告成了。

算算我賺了多少錢？

基金現值

step 1.算出目前基金收益

基金淨值賺賠＝投資成本－目前持有的單位數×目前基金淨值× 目前的匯率＊

配息收益＝基金每年的配息金額

＊外幣計價境外基金要折算回台幣報酬，必須將匯率考慮進來，投資境內基金則不用計算這部分。

step 2.計算投資費用

投資費用＝手續費＋管理費＋信託保管費

step 3.算出投資損益

基金投資損益＝基金淨值賺賠＋配息收益－投資費用－稅賦＊＊

＊＊對一般非高所得（境外投資所得未超過 100 萬）的民眾而言，境外基金不用課稅，境內基金的資本利得（也就是因淨值成長所產生的報酬）不用課稅；而基金的配息收益，則納入個人的 27 萬利息免稅額中，超過則要課稅。

INFO 查詢最新的投資損益

透過網路買基金的投資人，可以直接到基金公司或銷售機構網站上查詢自己投資組合中最新的投資損益狀況。

實例

小陳在2021年2月1日投資美元計價的「XX亞太股票基金」，投資金額共台幣52,000元，購得79.0430單位的基金，申購手續費為3%，這檔基金在這一年來配息一次，共配得520元。在2022年2月1日基金淨值為20.07元，匯率為34.14，如果小陳賣出這檔基金，則小陳將賺得多少錢？投資報酬率又是多少？

①基金淨值賺賠
＝（目前持有的單位數×目前基金淨值×目前的匯率）－投資成本
＝（79.0430×20.07×34.14）－52,000
＝54,159－52,000
＝2,159
因此，基金淨值的成長共賺得台幣2,159元

②手續費＝52,000×3%＝1,560（台幣）
基金管理費、信託保管費將由基金淨值內扣除，不用另外支付

③稅賦＝0
因為是境外基金，所得不到100萬，因此資本利得免稅，利息收益520元在27萬以內，因此也免稅。

④總計，小陳的這筆投資淨報酬為：
基金淨值賺賠＋配息收益－手續費－稅賦
2,159＋520－1,560－0＝1,119元
小陳共賺得1,119元
投資報酬率＝1,119÷52,000＝2.15%

8 共同基金的
贖回與轉換

投資共同基金要想賺錢，除了要會買，也要會賣。
因此，投資人必須學會觀察基金表現，在最佳時機決
定賣出手中的基金。除此之外，也要了解贖回基金的
手續與步驟，才能不慌不忙地賣出基金，獲取收益。

本篇教你

☑ 何時該贖回或轉換基金？

☑ 如何贖回或轉換基金

☑ 看懂基金對帳單

我該贖回或轉換基金了嗎？

投資一檔好基金固然重要，但懂得在適當的時機贖回、賣出基金，更是一門不可或缺的學問。何時該贖回基金？什麼情況下，最好將手中的基金轉換為其他基金？以下有幾項原則必須好好遵循。

何時該贖回或轉換基金？

時機 **1.當基金績效變差時**

如何判斷基金績效是否變差？投資基金時，應要選擇短期（一個月、三個月、六個月）、中期（一年、兩年）、長期（三年、五年以上）基金績效排名在同類型基金前四分之一或前三分之一的基金。如果所投資基金在同類型基金的排名不斷下滑，無論短、中、長期基金績效都如此，就表示手上的這檔基金績效表現愈來愈不如其他同類型基金，也表示基金經理人操作功力大不如前，績效開始變差了。這時，贖回基金換現金、或轉換到表現更好的基金，會是較佳的選擇。

訣竅
1. 觀察基金排名是否為同類型基金的前四分之一或前三分之一
2. 短期績效排名 ⟶ 較不具參考值，需配合中、長期績效衡量
3. 中、長期績效排名 ⟶ 參考價值佳，尤其是一年期以上的基金績效排名

INFO **新基金閉鎖期不能贖回**

如果你是投資新發行的基金，每一檔新基金都有其「閉鎖期」，通常是發行後的1~3個月，在基金的閉鎖期，投資人是完全不能贖回基金的。

時機 **2.當基金達到原先設定的損益點時**

雖然基金投資強調長期布局，但對於想透過基金投資達到短、中期理財目標如買車、旅遊等的投資人而言，在投資之前最好設定獲利點和停損點。當基金淨值成長到原先設定的獲利點時，就可以贖回基金，以實現理財目標；同樣地，當基金淨值跌到當初設立的停損點時，也最好贖回基金，以避免自己無法承受進一步的損失。

　　至於損益點如何設定，端視個人的風險承受度，以及對所投資的基金期望報酬而定。

實例

> 小陳以10元價格買進XX基金，在申購之前，小陳預期對這檔基金的報酬為10%，但如果基金淨值不幸下跌，可以承受的損失為20%。因此，當這檔基金淨值漲到11元〔10元×（1＋10%）〕，漲幅便達10%的預期獲利點，這時，小陳就可以考慮獲利了結了；但如果這檔基金持續走跌，跌到8元〔10元×（1－20%）〕，便已到達小陳可以忍受的虧損程度，這時，就應該考慮認賠出場。

時機 3.當市場轉趨空頭時

　　當你決定投資一檔基金，一定是看好基金所投資的市場前景一片光明，但如果市場因為一些預料之外的因素而由多轉空，或是自己看錯市場行情，眼見基金所布局的市場一直下滑，這時，只要確定市場空頭格局確立，下跌並非短期波動，就應該盡快贖回出場，堅持下去只會造成更多的損失。

> 訣竅○
>
> 常見的股票市場轉空指標：
> 1. 景氣轉差，經濟出現衰退
> 2. 失業率上升
> 3. 股市下跌，成交量萎縮

時機 4.當自己需要資金時

　　需要用錢時，是贖回基金的最好理由。但為求投資收益的最大化，最好在需要用錢的前半年，就密切注意基金淨值的波動，當淨值上揚到相對高位的時候，就可以先賣掉基金，不用等到最後要用錢的那天才贖回基金，因為那天不一定是基金淨值最高的時候。

> 訣竅○　在需要用錢的半年前，開始尋找淨值相對高位的賣點

143

如何賣出（贖回）基金？

贖回基金流程與申購基金大同小異，但比較方便的是，投資人不用再填寫新申購基金時需要填寫的開戶文件，只要填妥贖回申請書，交給相關人員，或是上網按步賣出基金，就可以等著核對基金贖回款項了。

賣出（贖回）基金的流程

　　想賣出（贖回）基金，只要到原銷售機構辦理即可，贖回流程跟買進基金差不多。比如說，A君是到甲基金公司的網站買基金，想要賣基金時，也是用同一個帳號密碼登入甲基金公司網站，跟著網頁指示的步驟，賣出手中的基金即可。

　　以下以「網路交易」為例，說明「贖回基金」的流程。

step 1.拿出帳號密碼，登入電子交易（線上交易）平台。

　　原本在哪裡買進基金，就要到哪裡賣出基金。同樣的，要先登入交易平台，帳號通常是自己的身分證字號，如果登入密碼輸入錯誤超過3次（或5次），帳號就會被鎖定，需要聯繫客服人員才能解決。

step 2.選擇基金交易

　　到交易專區，點選「買回／轉申購」。

step 3.選擇想要賣出（贖回）的基金

　　系統會同時列出手中所持有的基金（無論是單筆申購或定期定額申購的基金，都會在此顯現），點選想要賣出（贖回）的基金。

step 4.決定賣出（贖回）的單位數

　　可以選擇「全部庫存買回」、或「部分庫存買回」，有的基金公司還提供「單筆庫存買回」與「定期定額庫存買回」。

step 5.確定「贖回後匯款帳戶」

買基金是用哪一個銀行帳戶扣款，通常買回基金的款項就會匯回同一個帳戶。如果開戶時只有約定一個扣款帳號，則系統會自動代入帳戶資訊。

step 6.確定交易的細節無誤

特別是買回基金名稱、買回單位數、買回匯款帳號都要正確無誤。同時系統也會告知買回款項預計會在哪一天入帳。

step 7.輸入交易密碼

同樣的，如果交易密碼輸入錯誤超過3次（或5次），帳號就會被鎖定，需要聯繫客服人員才能解決。

step 8.送出交易資訊，交易完成

可以在交易頁面中的「委託交易查詢」中，確定委託狀態是否為「委託成功」。

step 9.確定交易成立

一旦買回基金確定完成，投資人會收到「基金交易確認書」的電子郵件，投資人應仔細核對保存。

買回基金後，定期定額仍會持續扣款投資

如賣出（買回）定期定額庫存基金，並不表示原本的定期（不）定額約定會停止扣款，如果你想要終止定期（不）定額扣款，需到交易頁面選擇「停止定期定額扣款」才行，否則仍會持續幫你扣款投資。

如何轉換基金？

想要將手中的基金贖回，除了可以將它賣掉換現金之外，如果不急需用錢，還可以將它轉換成其他基金，繼續投資尋求進一步的收益，或是轉到較為穩健保守的債券或貨幣型基金，等待下一個投資的機會。

我該轉換多少比例？

如果不確定當下是否為轉換基金的最好時機，可以先轉出二分之一或三分之一到更值得投資的標的，再行觀察；如果大環境仍不利於投資，便可將手中的基金全部出清。以下4種情況，可以幫助你判斷：

情況 1.
- 手中基金的前景不佳
- 有更好的投資標的

→ 100%轉換到其他投資標的

情況 2.
- 手中基金的前景不佳
- 但尚無觀察到更好的投資標的

→ 100%轉換到貨幣型基金

情況 3.
- 不確定手中基金的前景
- 有更好的投資標的

→ 100%轉換到其他投資標的

情況 4.
- 不確定手中基金的前景
- 有個還不錯的投資標的

→ 50%或1/3轉換到其他投資標的

多數基金交易平台將「買回」與「轉申購」放在同一區塊，投資人在點選時要特別留意。

以下以「網路交易」為例，說明「轉申購基金」的流程。

「上網轉申購基金」的流程

step 1. 拿出帳號密碼，登入電子交易（線上交易）平台。

原本在哪裡買進基金，就要到哪裡轉申購基金。同樣的，要先登入交易平台，帳號通常是自己的身分證字號，如果登入密碼輸入錯誤超過3次（或5次），帳號就會被鎖定，需要聯繫客服人員才能解決。

step 2. 選擇基金交易

到交易專區，點選「買回／轉申購」。

step 3. 選擇想要賣出（贖回）／轉申購的基金

系統會同時列出手中所持有的基金（無論是單筆申購或定期定額申購的基金，都會在此顯現），先點選想要賣出（贖回）的基金，可以選擇「全部庫存買回」、或「部分庫存買回」，有的基金公司還提供「單筆庫存買回」與「定期定額庫存買回」。

按下「轉申購」，並決定買回的單位數。

再選擇要「轉入（買入）」的基金。

step 4. 確定交易的細節無誤

特別是買回基金名稱、買回單位數、轉申購基金名稱都要正確無誤。系統會自動帶出轉申購的手續費率，同時系統也會告知轉入基金的交易成立日期。

通常轉換手續費率會比申購新基金時的費率要低，因此，投資人如不急著用錢，可以透過基金的轉換，讓投資成本更低更有效率。

step 5.閱讀文件與同意事項並勾選「已閱讀」、「已了解」

因為轉申購基金也等同於買進一檔新基金，因此，轉換下單時也必須閱讀一些文件像是「基金公開說明書」、「風險預告書」、「基金費用率與報酬率宣告」等。

step 6.輸入交易密碼

同樣的，如果交易密碼輸入錯誤超過三次（或五次），帳號就會被鎖定，需要聯繫客服人員才能解決。

step 7.送出交易資訊，轉申購完成

可以在交易頁面中的「委託交易查詢」中，確定委託狀態是否為「委託成功」。

step 8.確定交易成立

一旦轉申購基金確定完成，投資人會收到「基金交易確認書」的電子郵件，投資人應仔細核對保存。

轉換基金的限制

不過，要將手中的基金轉換，有幾點必須留意：

1. 基金轉換的對象，只限於同一家基金公司所發行的基金，不能轉到其他基金公司的基金。
2. 投資人要轉換基金時，只能到當初申購基金的機構辦理。
3. 轉換基金的處理程序，是先賣掉手中的基金，再將賣掉所得的資金投入轉換到另一檔基金，因此需要填寫的表單與辦理手續，其實與一般的贖回基金無異。

核對基金款項

不管是全部贖回基金，或是部分贖回，只要不是全數轉換基金者，都會收到一筆款項，投資人在辦理贖回手續時，必須先問清楚款項何時會撥到自己指定的銀行戶頭，才能在款項撥入之後仔細核對一切是否無誤，如此整個投資過程才算完整圓滿。

贖回基金的作業時間

贖回基金是以贖回申請日當天的淨值為贖回價，也就是第二天所公布的基金淨值，再加上基金贖回的作業時間，屆時，銀行便會將贖回的款項自動匯入投資人的帳戶中。

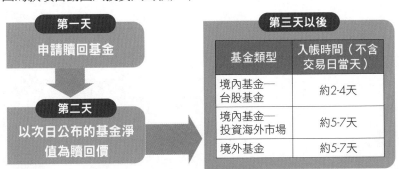

基金類型	入帳時間（不含交易日當天）
境內基金—台股基金	約2-4天
境內基金—投資海外市場	約5-7天
境外基金	約5-7天

INFO　下單時間不同，成交日期也不同

因為透過網路交易，一天24小時都能下單，但成交日與成交淨值要算哪一天的呢？不同銷售機構或平台，交易規定也不同，下單前務必要研究清楚。比如說，如在銷售平台「鉅亨買基金」「單筆申購」基金，且於營業日13：00前完成交易，便視為當日交易；如在營業日14：00前完成「買回交易」，則視為營業日當日交易，買回款項約於6-10個營業日內匯入約定買回帳戶。

不同類型的基金，贖回後入帳的時間不盡相同，一般來說，境內台股基金入賬時間較短，而布局海外市場的境內基金或境外基金，贖回後入帳日則需等待較久。投資人在申購基金之前，應先搞清楚匯款相關細節。

看懂基金贖回交易確認書

贖回或轉換基金時，基金公司或代銷機構會寄發「基金交易確認書」給投資人，讓投資人核對贖回紀錄並留存。

贖回基金交易確認書

❶ 交易確認書
確定這份文件為基金公司發出的交易確認書。如果是境內基金，就是境內基金交易確認書，如果是境外基金，就是境外基金的交易確認書。

❷ 姓名
這裡是投資人的姓名，請確定這裡是不是寫自己的名字。

❸ 基金名稱
此為當初申請買回基金的基金名稱。同時也要留意基金名稱最後的計價幣別，確定一下是不是當初申請的計價幣別的基金。

❹ 計價幣別
此檔基金幣別為美元。

❺ 買回單位數
為交易日當天投資人申請贖回該檔基金的贖回單位數。

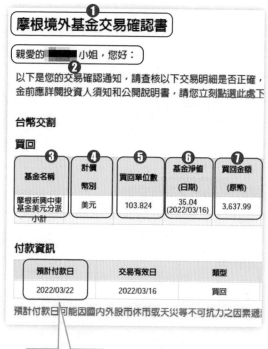

❶ 摩根境外基金交易確認書

親愛的 ██████ 小姐，您好：

❷ 以下是您的交易確認通知，請查核以下交易明細是否正確，金前應詳閱投資人須知和公開說明書，請您立刻點選此處下

台幣交割
買回

基金名稱 ❸	計價幣別 ❹	買回單位數 ❺	基金淨值(日期) ❻	買回金額(原幣) ❼
摩根新興中東基金美元分派	美元	103.824	35.04 (2022/03/16)	3,637.99
小計				

付款資訊

預計付款日	交易有效日	類型
2022/03/22	2022/03/16	買回

預計付款日可能因國內外股市休市或天災等不可抗力之因素遞

買回交易日之後數天，才會收到款項。這裡告知預計匯款的日期。

❻ 基金淨值／日期
為買回的基金淨值以及計價的日期。

❼ 買回金額
這裡顯示總共買回的基金價值，是以原幣計價的結果。

想省下30元的匯費嗎？只要指定將贖回基金款項，撥到該基金保管銀行的存款戶頭（但得先確定自己已經開戶完成），就可以不用付這筆匯款費了。

並請詳閱注意事項，以免影響您的權益。提醒您：投資基
載詳細閱讀，或是來電客服中心索取。

⑧ 匯率	**⑨** 買回金額 (新台幣)	**⑩** 匯費 (新台幣)	**⑪** 買回淨額 (新台幣)	**⑫** 交易有效日
1:28.4625	103,547.00	0.00	103,547.00	2022/03/16
			103,547.00	

基金名稱	買回金額(新台幣)	匯費
摩根新興中東基金美元分派	103,547.00	0.00

証，實際入帳時間將以受款行作業時間為準。

這裡顯示：確定會收到的買回總金額。

⑩ 匯費
如果贖回的匯款帳戶，不是跟當初扣款的帳戶一致，這裡就會被銀行收取一些匯費。

⑪ 買回淨額
這裡顯示扣掉匯費之後，以匯價計算出的買回淨額，也就是投資人可以獲得的贖回基金的金額。（計算方式為：買回金額－匯費）

⑫ 交易有效日
為投資人當初申請買回的日期。同時也要確定這日期是不是當初買回基金時的日期。

⑧ 參考匯率
這裡顯示贖回當天的匯價，也就是贖回基金時用來換成台幣給投資人的匯價。

⑨ 買回金額
這裡是以匯價計算的買回價格，是以新台幣計價的結果。

151

Chapter

9 靈活的共同基金投資策略

共同基金因為投資策略的不同，投資結果也會有所差別，如果能夠靈活運用各種策略，就會更有致勝把握。特別是基金又分為「單筆投資」與「定期定額」兩種投資方式，投資人必須了解其中的差異與奧妙，才能利用共同基金，順利達到預期的理財目標。

本篇教你

- ✓ 基金淨值上漲時該如何做？
- ✓ 基金淨值下跌時該怎麼辦？
- ✓ 單筆投資與定期定額投資的策略
- ✓ 設定投資損益點

情況 1 當基金淨值上漲時

自己所投資的基金淨值一直上漲，是最讓人夢寐以求的事。基金淨值上漲愈多，表示投資報酬率愈大，賺得的利潤也愈多。當基金淨值上漲之後，投資人應該怎麼辦呢？是繼續持有、還是賣掉基金落袋為安？

基金淨值上漲時的判斷步驟

step 1. 了解共同基金

先要了解共同基金究竟是什麼樣的投資工具，具有怎樣的風險，可以期待怎樣的報酬，才能夠好好利用這項商品，藉此來累積自己的財富。

step 2. 市場前景樂觀時，繼續持有

之後，還需要釐清整個市場的多頭格局是否確立，如果市場前景依舊相當樂觀，而且基金淨值僅上揚一小段時間，未來漲升空間相當可期，投資人可以繼續持有，有閒餘資金者還可再加碼。

step 3. 前景不明時，落袋為安

如果市場未來前景不是很明朗，既然基金已經上漲了一波，投資人不妨先落袋為安，將基金全部贖回或部分贖回。

要判斷市場的多空趨勢，可以多蒐集基金公司或研究機構的資料，找尋出共識做為參考。

淨值上漲時你應該這麼做

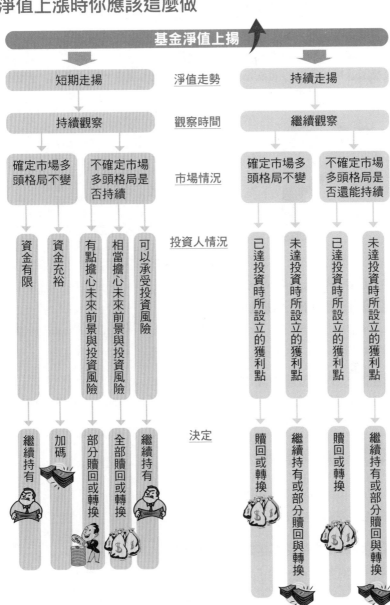

155

情況 2 當基金淨值下跌時

投資基金最怕碰到手上的基金淨值一直跌,因為這就表示自己的基金資產持續縮水,荷包也愈來愈扁。基金淨值開始下跌怎麼辦?什麼時候應該贖回退場,雖然投資的進出時點因人而異,沒有一定的準則,但仍是有一些小原則可供投資新手參考。

基金投資不像股票,千萬不要因為一時的淨值下跌而亂了理財計畫,如果你投資了某檔基金或定期定額投資,就要堅持理財目標,淨值愈下跌,你所購得的單位數就愈多,投資成本就愈低,可以幫助你更快達到理財目標。

基金淨值下跌時的判斷步驟

step 1. 短期波 ,還是持續下跌?

基金淨值開始下跌時,首先要觀察淨值只是短期地波動,還是持續性地走跌。

step 2. 是否因配息而下跌?

如果基金淨值是因為配息而下跌,基本上與基金的績效並無關聯,因此,不需要贖回基金。

step 3. 市場前景樂觀,加碼買進

如果市場出現短期不合理的下跌,或者投資市場步入盤整,使得基金淨值下跌,但市場的長期發展仍舊相當樂觀,這對長期投資人而言,是很好的加碼時點,投資人反而可以趁淨值滑落時,買進更多的單位數。

step 4. 市場前景不佳時,盡早退場

如果基金淨值下跌反映了市場由多轉空,則投資人最好盡早退場,以減少損失。

淨值下跌時你應該這麼做

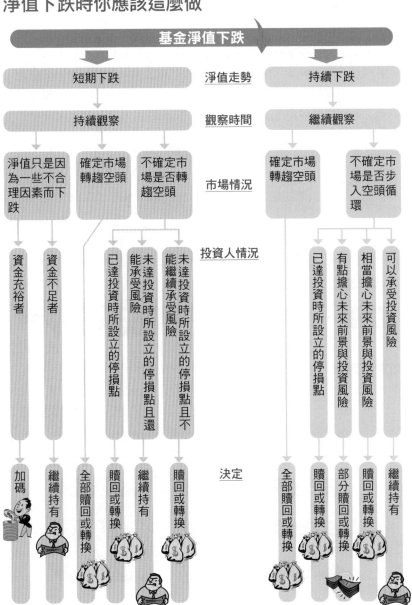

單筆投資與定期定額

投資共同基金最特別的部分是，投資人可以選擇「單筆投資」與「定期定額投資」兩種投資方式，透過不同的操作享有不同的投資布局。對資金有限的投資人而言，「定期定額投資」可以擁有儲蓄兼投資的好處；而資金較充裕的投資人，可以透過「單筆投資」加上「定期定額投資」達到不同的理財目標。

什麼是單筆投資與定期定額投資？

1.單筆投資

投資人將手中的資金，一次投入購買某檔基金，就稱為「單筆投資」。通常，資金較為充裕的投資人，只要看準市場上漲趨勢，便可將資金直接投入最看好的基金，以換取最佳的報酬。通常單筆投資，境內基金最低投資金額為一萬元，境外基金則約五萬元。

2.定期定額

對於資金較為有限的投資人，可「定期」於每個月的某一天，「定額」扣取一定的金額以投資某檔基金，是一種強迫儲蓄的投資方法。投資人最低只要撥出3,000元，便可以進行定期定額投資。

　　定期定額的投資方式，又稱為單位平均成本法。因為投資人是每隔一段固定的時間（通常是每一個月）投資固定的金額在固定的基金上，因此，投資人不必在乎進場時點，也不必緊盯市場價格的起伏。當基金的淨值因為市場行情而走升時，每個月固定金額所申購得的基金單位數便會減少；相反地，當基金的淨值因為市場行情而下滑時，每個月固定金額所申購得的基金單位數便會增加，當股市未來反轉回升時，獲利便相當可觀。透過這樣的投資機制，投資人不但可以分散基金的購買時點，攤平市場的高低起伏，在需要資金時，也可以隨時解約，將資金贖回。

> 大明因為是「單筆投資」，基金淨值要回到 10 元以上才開始獲利。但如果基金淨值從買進後一路上漲，大明就會賺得比較多！

> 小明每個月持續買進，愈跌買進單位數愈多，平均成本逐漸攤低

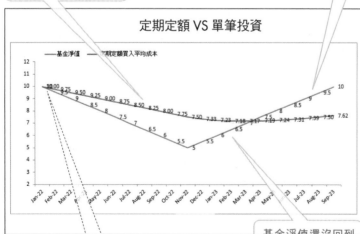

定期定額 VS 單筆投資

> 基金淨值還沒回到 10 元，但小明的定期定額從這裡起就開始緩和了！

> 假設：當基金淨值 10 元起開始投資，大明決定「單筆投資」，小明決定採「定期定額」分批買進。基金淨值陸續從 10 元跌倒 5 元，再回升到 10 元

單筆投資的優缺點

直接以單筆投資方式申購基金，最大的好處是投資單位數可以快速布局，但進場時點需要悉心判斷，通常市場前景樂觀時，用單筆投資方式買基金更能掌握獲利機會。

優點

> **1** 市場多頭時直接布局，獲利會較定期定額投資為佳。

> **2** 透過單筆投資直接觀察基金表現與市場動態，可以學習更多的投資技巧。

缺點

> **1** 需要較多的資金。

> **2** 自己需要做較多功課，需要留意進場、出場時點。

投資特色

> **1** 手中擁有新台幣 3、5 萬元的閒置資金時。

> **2** 市場長期多頭格局確立時。

INFO **哪裡可以查到「基金英雄榜」？**

想知道表現最強的「基金英雄榜」嗎？Money DJ理財網（www.moneydj.com/funddj）首頁基金排名選項裡有一個「基金英雄榜」，裡面可看到利用各種方式計算出來的表現最強勢基金排行，例如今年以來績效最佳、三年以來績效最佳等，投資新手可以參考看看。

定期定額的優缺點

透過定期定額方式申購基金，最大的好處是用小錢累積大財富，還能攤平投資成本，也不用煩心進場時機。由於是陸續布局，在市場前景熱絡時，漲升空間便不如單筆投資，但在市場起伏較劇烈時，透過定期定額投資，攤平成本的效果更能突顯。

優點

1 投資門檻低，經濟負擔小，只要 3,000 元便能投資。

2 可分散投資風險。

3 省時省事，無須選擇進場時機，擔憂出場時機。

4 可以儲蓄兼投資，一魚兩吃又可合法節稅。

5 透過長期布局，積沙成塔，累積財富。

缺點

1 定期定額是懶人的最佳投資工具，但也不能置之不理。關心太多容易因短線的市場起伏做出停扣的錯誤決定，關心太少也容易錯失最佳贖回時機，或投資到績效不佳的基金而不自知，造成投資損失。

2 定期定額強調長期投資，但並不是長期投資就能保證獲利，這部分常是投資人最容易產生的誤會。

投資特色

1 適合做為特定理財需求的投資工具，例如籌措子女教育基金、退休金、購置房地產等。

2 市場的價格波動幅度較大，單筆投資較難抓準進出場時點，利用定期定額長期布局，更能發揮成本攤平之效。

3 定期定額最重要的是時間的複利效果，以及平均成本的功能，因此投資期間最好要持續五年以上，如果投資不到一年就贖回，根本沒有複利或平均成本的效果可言。

4 雖然定期定額強調長期投資，但贖回時機仍舊相當重要。一旦計畫利用定期定額達到理財目標，投資人必須在計畫贖回至少半年前就開始留意最佳的贖回時點。

單筆投資好、還是定期定額好？

「定期定額」與「單筆投資」的投資標的都是共同基金，只是操作方法不同，仔細比較，並沒有一定的好與壞。投資人應該選擇最適合自己的投資方式，或是同時利用兩種投資方法，讓自己的閒置資金發揮最大的投資效益。

定期定額與單筆投資比一比

比較項目	單筆投資	定期定額
所需資金	較多，至少一萬元	較少，只要3,000元
風險	相對較高	相對較低
進出時機	需要格外小心謹慎	不用掛心進出時點
投資期間	可短可長	最好長期投資
報酬率	多頭時漲升空間較佳，空頭時受傷較深	多頭時漲升較溫和，空頭時受傷較少，市場盤整時報酬較佳
適合者	資金較充裕，有時間研究進出場時點者	資金較不充裕，沒時間也沒能力研究進出場時點者。適合做為長期理財目標的投資工具
適合基金	一般的股票基金或債券基金	不適合投資債券基金
哪個較好	視需求與期望報酬而定	視需求與期望報酬而定

　　一般而言，在市場呈現多頭的時候，單筆投資的獲利會較定期定額為佳；而在市場盤整的時候，定期定額的報酬率便會較好。但一般投資人並不容易抓到多頭的起漲點，因此，投資人仍可同時透過定期定額與單筆投資，增加獲利機會，並降低投資風險。

　　而從基金類型來看，因為債券型基金波動風險已經相當低，因此，不需要透過定期定額方式來分散進場時點的風險，因此，債券基金還是以單筆投資為宜。

3大原則決定「單筆投資」或「定期定額」

「單筆投資」與「定期定額」各有優點，或許基金新手會覺得難以抉擇，其實，透過一些簡單的原則判斷，還是可以找出最適合自己的投資方式。

判斷原則 1.個人投資屬性

保守型投資人較適合透過定期定額投資來分散風險，同時也可以免除不知道如何掌握進出場時點的困擾；至於積極型投資人，則可以選擇單筆投資，布局相對低點的市場基金，獲利可望較高。

判斷原則 2.資金狀況

資金狀況較緊俏的投資人，可以透過定期定額進行投資；如果是資金狀況較充裕的投資人，則可以選擇單筆投資。

判斷原則 3.市場前景

在多頭市場時，單筆投資的報酬率會比定期定額好，因此，透過單筆投資會較佳；但如果是空頭市場，定期定額的抗跌效果便會出現。

一些表現較穩健的股票基金，或是組合基金，透過定期定額攤平成本的效果較不顯著，投資人可以透過單筆投資直接布局，效益可能會更明顯。

單筆投資策略 1 全球資產配置法

單筆投資的標的選擇十分重要，進出場時點的判斷也是獲利與否的關鍵，投資策略的運用也與獲利機會絕對相關。基本上，一個適當的投資策略，可以幫助投資新手跨出致勝的第一步，只要靈活使用以下策略，投資報酬應不會令人失望。

歷史經驗顯示，全球經濟景氣的榮枯，總是風水輪流「賺」，因此，投資人在單筆投資時，應該盡量將投資範圍擴及全球，不用「將雞蛋都放在一個籃子裡」，透過不同的資產配置，例如加碼亞洲股市基金、減碼歐洲股市基金等靈活的策略，增加投資版圖與布局，同時分散風險。

全球資產投資建議配置

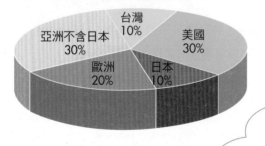

> 基金公司或投資研究機構在每月、每季或每個新的年度，都會公布全球投資配置的建議，投資人可以以此做參考布局。

 投資竅門

1. 全球投資資產配置的最佳比重並非固定不變，如果亞洲市場前景看好，便應該增加亞洲市場的投資比重；如果美國股市前景不佳，就應該對這市場減碼，降低投資比重。

2. 全球投資資產配置的布局，不用每天調整，一般來說，每季檢視一次最為恰當。

3. 如果資金狀況允許，最好美國、歐洲、與亞洲各個市場都能布局，以掌握「風水輪流賺」的契機。

單筆投資策略 2 股債平衡投資法

股票與債券，通常是表現相異的兩個投資工具。換句話說，當股市走多頭時，債券投資表現通常不理想；當債券走多頭時，股市通常同步進入空頭。由於一般投資人並無足夠財力同時布局各種股票與債券，也無法預知股市或債市的多空景況，因此，股債平衡的基金投資布局，便是解決這些問題的最佳辦法，這樣做不但能夠積極掌握股市漲升契機，又有債券部位減低整體投資風險。股債同時布局，也能夠同時掌握兩者的獲利機會，控制下檔風險。

股債平衡投資法

1.股市、債市渾沌不明時

➡ 當股市、債市渾沌不明時，透過股債五五比，進可攻，退可守

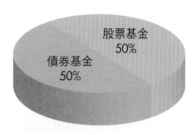

股票基金 50%
債券基金 50%

2.股市轉多、債市轉空時

➡ 當股市轉多、債市轉空時，可增加股票基金的比重，降低債券基金的比重，以增加投資組合的獲利空間

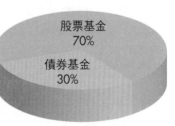

股票基金 70%
債券基金 30%

3.股市轉空、債市轉多時

➡ 當股市轉空、債市轉多時，可增加債券基金的比重，降低股票基金的比重，以防禦性策略因應股市的空頭。

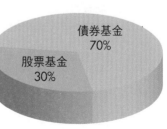

債券基金 70%
股票基金 30%

單筆投資策略 3 悲觀進場、樂觀出場

投資基金與其他理財工具一樣,都有「逆向操作」的投資法。當市場已經跌到最谷底,市場氣氛悲觀,這時勇於進場的投資人,通常收穫最豐富;相反地,當市場持續上揚,市場氣氛樂觀,這時不貪心、能果決退場的投資人,通常是保住最多戰果的投資人。基金投資也不例外,悲觀時進場,樂觀時出場的投資人,常能買在低點、賣在高點,成為基金投資的常勝軍。

悲觀進場、樂觀出場投資法

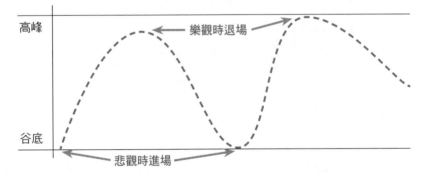

投資竅門

1. 基金淨值反應基金經理人投資數檔股票的成果,如果投資的股票持續上揚,基金淨值便會持續走揚,基金經理人如果覺得持股飆得太高,便會換股獲利了結,新換的股票如果選擇得宜,基金淨值還會持續上揚。

2. 經過這樣的換股操作,基金淨值便會持續走揚,並不會像股價一樣,漲到一個階段,可能會因為買盤不繼而回落。

3. 如果基金淨值持續成長而相對偏高,顯示該檔基金長期績效不錯、持續成長。

定期定額投資策略

定期定額雖然是懶人投資的最佳方式，但是如果善用投資策略，將可讓定期定額投資經驗更臻完美，增加投資豐收的機會。

掌握4原則增加獲利機會

原則 1.設定理財目標，達到便贖回

決定利用定期定額投資某檔基金，可以將該筆投資定為某個理財目標基金，例如三年後的旅遊夢想基金，然後持續扣款投資，直到達成理財目標為止。這樣，不但可以幫助投資人長期投資，也可以避免投資人因為短線市場的波動而隨意贖回或停扣基金。

原則 2.長期投資

唯有長期投資，才能將成本攤平，並讓複利效果發揮到最極致，少則三年多則十年，投資時間與耐心，都是相當必要的。

原則 3.提早尋找賣點

定期定額投資的贖回時點相當重要，雖然投資人長期投資累積了相當多的基金單位數，投資成本也相對攤平許多，但如果在市場不佳，基金淨值偏低時贖回就虧大了，因此，投資人一定要在需要用錢之前，至少預留半年時間找尋最佳的基金賣點。

原則 4.動態調整，投資效益更佳

如果投資人可以反市場操做為原則，在市場相對低檔時，提高扣款金額，在市場相對高檔時，降低扣款金額，趁機累積一些低價低成本的單位數，不但有機會縮短投資期間，提早達到理財目標，還可將定期定額平均成本的效益發揮到最極致。

統計資料顯示，定期定額投資者，如果能夠在市場下跌時繼續扣款，甚至加碼，通常是景氣循環之下的最大投資贏家。

設立投資損益點

任何投資都需要設立投資損益點，以幫助投資人在獲利時先落袋為安，虧損時則盡早出場。共同基金投資也不例外，投資前應該依自己的期望報酬、可承受風險程度、理財目標、市場環境等，來制定專屬自己的基金投資損益點。

3種方法設立投資損益點

方法 1.設定期望報酬與可承受風險

設定期望報酬與可承受風險最簡單的辦法是，先回答以下問題：

> 假如你申購一檔基金時，基金淨值為 10 元，當投資滿一年時，你可以接受的淨值波動範圍是？
> ① 9.5～10.5元　　　④ 6.5～13.5元
> ② 8.5～11.5元　　　⑤ 5.5～14.5元
> ③ 7.5～12.5元

結果

選 ① 可接受 ±5% 的損益範圍 ➡ 損益點為淨值上下 5%
選 ② 可接受 ±15% 的損益範圍 ➡ 損益點為淨值上下 15%
選 ③ 可接受 ±25% 的損益範圍 ➡ 損益點為淨值上下 25%
選 ④ 可接受 ±35% 的損益範圍 ➡ 損益點為淨值上下 35%
選 ⑤ 可接受 ±45% 的損益範圍 ➡ 損益點為淨值上下 45%

> 損益點的設立，應該因人而異，並沒有一體適用的通則，不少基金公司會提供投資性向測驗，可以幫助自己了解投資性格，進一步設定出最適合自己的基金投資損益範圍。

方法 2.依據理財目標所需

投資一檔基金如果是為了特定的理財目標，例如子女教育基金、退休基金等，當基金資產已經累積到原先設定的理財目標時，就達獲利點，可以贖回基金落袋為安了，千萬不要因為貪心而讓自己的資產暴露在風險中。

至於停損點，可以設立虧損在10%、20%或30%的範圍，當基金資產虧損到某個程度，將會威脅到孩子的學費、自己的退休生活等重要規劃時，就最好賣掉基金換現金為宜。

方法 3.觀察投資市場環境

當股市行情熱絡，銀行利率攀高，投資各項理財工具的報酬都相當不錯時，這時獲利點的設定便可同步上調，也應可以容許較大的損失空間；當股市行情低迷，銀行利率也走低，投資各項理財工具的報酬率都相對較低時，這時獲利點的設定便應同步下調、損失空間的設定應也較為縮小。

簡單來說，可以用銀行定存利率做為基準，再上下加減一定百分比，進行損益點設立。

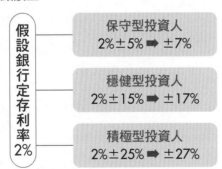

假設銀行定存利率2%

保守型投資人
2%±5% ➡ ±7%

穩健型投資人
2%±15% ➡ ±17%

積極型投資人
2%±25% ➡ ±27%

INFO 善用銷售機構的停利停損機制

許多銀行、基金平台等銷售機構有提供損益點到達通知（以e-mail或發簡訊通知）、自動執行停利停損等機制，投資人可透過事先設定，自動掌握或執行理想中的停損停利點，才不會因為過於忙碌錯過了最佳的停損停利時機。

第一次買 ETF
就上手

金融市場瞬息萬變，股市、債市、匯市的操作難度有增無減，投資人對單純投資工具的渴求也愈來愈高。近年來，只要盯著指數漲跌操作的 ETF 逐漸躋身為市場新寵兒。這個「跟著指數走的基金」，頂著「最適合懶人投資者」光環的金融商品究竟有什麼樣的魅力？本篇將帶讀者領略 ETF 的投資風景。

本篇教你

- ✅ 什麼是ETF？
- ✅ 買ETF好嗎？
- ✅ 挑選ETF的流程與關鍵
- ✅ 如何買進ETF？
- ✅ 後續操作及賣出方法
- ✅ 如何計算獲利？

什麼是ETF？

ETF（Exchange Traded Funds）起源於美國，在台灣常稱為「指數股票型基金」，指的是「指數、股票、基金」三大投資工具的綜合體。ETF的績效表現與「指數」相同、交易方式與「股票」一樣，投資標的則是一籃子股票，概念又跟「基金」相似。因為ETF只需要追蹤指數趨勢，並結合股票與基金的優點，加上投資成本相對較低，近年來愈來愈受世界各地的投資人青睞。

ETF囊括3大投資工具的特色

1. ETF = 跟著指數走的基金

ETF就是投資「指數」，所以ETF的價格漲跌和績效表現會跟指數表現同步，我們可以形容ETF是一種「跟著指數走的基金」。

例 元大台灣卓越 50 基金（0050）　　◯ 跟著《台灣 50 指數》走

例 富邦台灣科技指數基金（0052）　　◯ 跟著《台灣資訊科技指數》走

例 國泰富時中國 A50 基金（00636）　◯ 跟著《富時中國 A50 指數》走

2. ETF = 交易過程和股票一樣

ETF的交易跟「股票」一樣，都是在證券交易所掛牌交易，所以買賣ETF的過程，投資人會感覺很像在買賣股票。

股票下單　　　　　　　　　　　　ETF 下單

委託買進
台積電一張

委託買進
台灣 50ETF 一張

每一個指數都是由數檔標的物的價格集合編製而成的,以台灣50指數為例,它是由台積電、鴻海、中華電等50檔具代表性的個股,依不同比重組合而成,當這50檔股票的價格變動,台灣50指數的價格就會跟著變動,所以這50檔股票就稱為台灣50指數的成分股。

3. ETF = 一籃子股票組合而成的基金

一張ETF憑證,裡面包含了所投資指數旗下的一籃子股票,因此,ETF也算是一種「基金」類型。但因為ETF只要跟著指數成分股做投資,並不需要基金經理人展現選股功力或觀察市況頻繁進出,管理費用較低,屬於被動式管理的基金。

一般基金	ETF
例 摩根中小基金	**例** 元大台灣中型 100ETF
大立光 儒鴻 可光 同致…等	中壽 儒鴻 仁宏 巨大…等
投資標的包含一籃子股票 (32支台股中小型企業股票)	追蹤指數的成分股包含一籃子股票 (100支台股中小型企業股票)

INFO 被動式管理(Passive Management)與主動式管理(Active Management)

在共同基金的世界中,依照基金經理人的管理風格,可以分為被動式管理的基金和主動式管理的基金。ETF基金經理人通常都採取被動式管理,不需選股、也不需投注太多的個人想法;一般基金商品的經理人則多採主動管理,並以打敗指標指數為最高目標。因此,被動式管理的經理人手續費也會較主動式管理低廉。

為什麼ETF愈來愈熱門？

ETF誕生至今不到三十年的歷史，起源於加拿大多倫多證券交易所在1989年發行的指數型商品TIPS，不過在1993年，美國第一檔ETF——SPDR S&P 500 ETF掛牌上市後，ETF的市場能見度和規模才逐年壯大，所以被認為是全世界第一檔、同時也是目前規模最大的ETF；而台灣的ETF序幕，則是由2003年發行成立的「寶來台灣卓越50基金」（今「元大台灣卓越50基金」）揭開序幕。

台灣ETF規模持續向上發展

台灣ETF規模近年持續成長，「用ETF存股」蔚為風潮，根據臺灣證券交易所統計，截至2021年12月底，共有128檔ETF上市，總資產已超過8,400億元。其中資產規模前十大ETF中，高股息概念ETF就占四檔。

台灣ETF的產品發展，從最早的台股市值型ETF，發展到產業型與主題型ETF，後續更有中國QFII A股ETF、槓桿型及反向型ETF、商品期貨ETF，近年更有印度、日本、香港、歐洲、美國、越南等市場ETF，以及債券、地產、高股息等ETF，以及夯趨勢話題性十足的資安、5G、智能電動車、基因免疫生技、元宇宙、電池及儲能等概念型ETF，使台灣ETF市場規模、成交值、流動性等各方面持續成長。

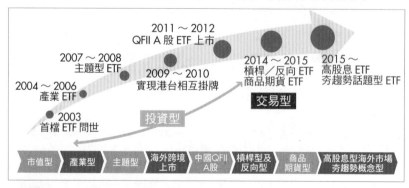

INFO　全球ETF資產規模成長亮眼

根據倫敦獨立研究顧問公司ETFGI（www.etfgi.com）最新的統計，截至2021年12月底止，全球ETF資產已超過10兆美元的歷史新高，上市檔數高達8,550檔。其中，美國可說是ETF的大本營，資產規模總計達7兆多美元（約2,628檔），占全球ETF資產規模七成以上。

ETF具有6大優點

1. 追蹤指數超簡單

　　ETF的投資方式為追蹤指數，價格則與指數完全連動，投資人不必煩惱如何選股，或是頻繁進出股市，只需要掌握指數的漲跌趨勢，就能輕鬆了解ETF的走勢。

2. 產品多元選擇多

　　ETF的成分股除了連結台股，也有連結外國股市指數、連結產業指數、或操作方式更為靈活的槓桿型、反向型、期貨ETF等。對投資人而言，可以透過一檔ETF投資各地股市或進行槓桿操作，相當具有吸引力。

3. 風險分散較安心

　　一張ETF包含了一籃子的股票，也等於一次投資許多公司，投資風險得以分散。比起只投資一檔績優股或一檔基金，投資一張ETF的風險明顯要小許多，也難怪股神巴菲特會說，長期持有ETF後，就算三十或四十年都不必擔心，報酬會穩穩而來。

4. 持股透明度較高

　　ETF在上市之後，每天都會揭露所含的成分股股數、盤中淨值也會即時更新，比起一般共同基金的淨值並非即時報價，ETF的資訊更為透明，投資人可以隨時掌握手中ETF的價格漲跌、知道投資是賺是賠。

5. 交易成本較低廉

　　正由於ETF屬於被動式投資，不需要基金經理人頻繁進出投資，因此交易成本與管理成本會比一般共同基金更為低廉。

6. 交易便利好上手

　　因為ETF跟股票一樣，都是在證券交易所掛牌上市，交易方式和時間也跟股票一樣，買賣相當方便。

我該買基金、股票還是ETF？

ETF包含了股票與基金的特質，那到底在這樣經濟局勢瞬息萬變、利率偏低的環境中，投資人應該選股票、基金、還是ETF呢？我們可以好好比較一下這三種投資工具的異同，先認清ETF這項工具的優點和風險，並理性地設定停損停利點，對忙碌的上班族與投資新手來說，ETF才會是一項能幫助你達到理財目標的好工具。

■三大投資工具比一比

工具類型	入門門檻		交易面			風險	資訊透明度
	操作難易度	投資金額	手續費	買賣方法	信用交易		
股票	高	高	高	可多空操作	可	高	中
ETF	低	低	低	可多空操作	可	低	高
基金	低	低	高	只能多方操作	不可	低	低

優點 1 入門門檻較低

無論是投入的金錢，或所需的研究心力，ETF都比股票要低得多。比如說，投資股票前需要先選股，而投資ETF只要挑選一個市場（比如說台股或美股），就可以透過ETF來追蹤該市場的成長機會。

優點 2 交易成本低廉又靈活

就手續費來看，ETF是當中最低的，交易稅也相對較低；且買賣上多空操作皆可，同時也可以藉信用交易來增加操作靈活度。

優點 3 風險低、資訊也透明

一檔ETF同時囊括所有指數成分股，投資風險比單押一檔股票低；且ETF跟股票一樣可以看到盤中即時的報價，比一般基金的資訊更為透明。

ETF的投資風險

任何投資工具都有其優勢與限制，ETF也不例外。整體來看，投資ETF常有以下需特別注意的風險。

1.市場震盪的系統風險

一檔ETF因為涵蓋的投資標的有許多，能夠降低個別企業的波動風險，但是如果遇到股市大跌，ETF也會跟著指數下跌，這類的系統風險無法完全避免。

2.無法避開表現較差的標的

ETF因為緊貼著指數走勢，因此所有指數的成分股必須照單全收，不能像一般基金可以選擇避開一些表現差的產業股或個股。

3.可能有追蹤誤差風險

ETF為了布局跟指數一樣的成分股，還是會有買賣股票手續費、交易稅、基金管理費用產生；或是當指數成分股調整時，ETF經理人無法馬上做調整，會讓ETF的表現與實際指數表現出現差距，出現追蹤誤差風險，這有時也是無法避免的。

4.無法避開匯率風險

如果是投資海外的ETF，匯率風險也是投資人必須承擔的。

> **INFO** **ETF無法有超額報酬**
>
> ETF的表現完全貼近指數，所以一般基金經理人因為超強選股功力而締造的超額績效，也就是超越指數或大盤表現的報酬，投資ETF時就不會有這種表現，無論市場上升或下跌，ETF都不會比指數更超漲或超跌。

認識ETF
風險
ETF商品種類
進場準備
進場流程／訊號
投資策略
賣出時點／流程
投資損益

國內有哪些ETF商品？

台灣自2003年推出第一檔ETF以來，至今已有將近140檔各有特色的ETF商品。投資人應該先認識這些ETF的商品特色、投資內容，挑選出自己看好的、可掌握的ETF商品進行細部分析，再做投資判斷。

1.依投資標的區分 —— 現貨ETF與合成ETF

依投資標的是「現貨」或「衍生性金融工具」，可分成「現貨ETF」與「合成ETF」。現貨ETF的淨資產價值至少有80％直接投資於標的指數的成分股現貨，以「完全複製成分股證券」或「代表性抽樣複製成分股證券」兩種方式追蹤；合成ETF則不直接投資於指數的成分股現貨，而是運用衍生性金融工具，比如期貨、選擇權、交換契約等做為追蹤的工具，用來複製或模擬指數的報酬。一般來說，「合成ETF」的波動風險比「現貨ETF」來得更高。

現貨 ETF

元大台灣 50 ──完全複製──→ 台灣 50 指數成分股

元大電子 ──代表性抽樣複製──→ 台灣電子類加權股價指數成分股

合成 ETF 富邦日本正 2 ──以衍生性金融商品做最佳化複製──→ 東証正向 2 倍指數

2003年台灣第一檔ETF「寶來台灣卓越50基金」成立（已更名為元大寶來台灣卓越50基金），使台灣成為繼香港、日本、新加坡和南韓之後，亞洲第五個發行ETF的國家。這檔ETF基金主要以台灣50指數（Taiwan 50 Index）為追蹤指標，指數成分包含了台灣股市市值前50大的上市藍籌股。

2.依發行單位和所追蹤的商品類別區分 ── 證信託ETF、境外ETF、期貨ETF三大類

　　根據台灣證交所對ETF的分類，可以分成國內投信在台灣募集發行、追蹤台股指數或國外股市指數的ETF（證信託ETF）；其次則是國外基金公司委託台灣的基金總代理人（通常為台灣的投信公司），將國外的ETF帶入台灣跨境交易的ETF（境外ETF）；最後則是投信公司依據「期貨信託管理辦法」發行募集的期貨ETF。

　　而證信託ETF再依據不同的多空交易方式和追蹤指數，細分為「國內成分證券ETF」、「國外成分證券ETF」、「槓桿型及反向型ETF」；期貨ETF也細分為「原型期貨ETF」、以及「槓桿型及反向型期貨ETF」。以下逐一簡單介紹這些ETF的異同。以下將逐一簡單介紹這些ETF的異同。

ETF (Exchange Traded Fund，指數股票型基金)

第一大類 證券投資信託 ETF （證信託 ETF）	第二大類 跨境上市 ETF （境外 ETF）	第三大類 期貨信託 ETF （期貨 ETF）
1. 國內成分證券ETF 2. 國外成分證券ETF 　 連結式ETF 3. 槓桿型ETF 　 反向型ETF		1. 原型期貨ETF 2. 槓桿型期貨ETF 　 反向型期貨ETF

INFO ETF初級市場的實物申購／買回機制

　　ETF除了在證券交易所掛牌買賣，流程跟買賣股票一樣，另外也可以在初級市場中進行實物申購與實物買回，但因為交易金額門檻較高，所以通常只有機構法人才會參與初級市場的實務交易，本章主要還是以一般投資人在次級市場進行簡單、小額的ETF買賣為例子來說明。

證信託ETF → 國內成分證券ETF

　　國內成分證券ETF是由國內投信在台灣發行、募集、上市,且所追蹤投資的指數成分股都是台灣股票。目前共有30檔國內成分證券ETF,因為所追蹤的台股指數不一,表現也大有差異。

各種台股指數	追蹤複製	台股 ETF
例 台灣 50 指數	指數	例 元大台灣卓越 50

↑ 編制發行　　　　　　　　　　　　　　↑ 發行

指數提供者	國內 ETF 發行公司
例 台灣證交所＋英國富時指數公司	例 元大投信

成分股／類型	ETF名稱	商品特色
中大型藍籌股	●元大台灣50 ●富邦50 ●兆豐藍籌30	追蹤代表大型績優股的台股指數,成分股包含經營績效優、市值大、最具台股代表性的中大型企業。
整體台股	●永豐臺灣加權	追蹤的指數成分股涵蓋所有上市股票,最能反應台股大盤指數表現,個股與產業風險也較能分散。
中小型股	●富邦臺灣中小	追蹤臺灣中小型具動能成長之50檔成分股,成長性佳、波動也較大。
高息股	●元大高股息 ●國泰永續高股息 ●富邦特選高股息30 ●元大台灣高息低波	追蹤具代表性的高息股指數,如臺灣高股息指數,通常也會定期分配收益(配息)給投資人。

成分股／類型	ETF名稱	商品特色
產業型	●富邦科技 ●第一金工業30 ●新光內需收益 ●中信關鍵半導體	追蹤該產業代表性的成分股，如科技、半導體等，不過因為聚焦特定產業，這類ETF波動風險也較高。
主題趨勢型	●元大臺灣ESG永續 ●國泰台灣5G+ ●永豐智能車供應鏈 ●富邦公司治理	聚焦於當時或未來熱門的主題趨勢，如ESG、5G、電動車、AI智能等，讓投資人能早一步掌握大趨勢商機。

註：表中ETF為列舉，非推薦之意。

INFO 高息股ETF成為近年來國內成分證券ETF的商品趨勢

近年來因為利率持續偏低，投資人對收益的渴求愈來愈明顯，因此，鎖定股息收益和股價成長機會的高息股ETF也愈來愈熱門，特別在台股格外震盪之際，高息股股息殖利率隨之攀高，高息股ETF規模也會因為受到市場青睞而頻頻走高〔股息殖利率＝每股現金股利／每股市價）×100％〕。

INFO 「國內成分證券ETF」有哪些？這裡查：

「臺灣證券交易所」網站https://www.twse.com.tw/zh/ETF/domestic

通常ETF所追蹤的指數標的都會被命名在ETF的商品名稱裡，投資人可從自己看好的地區和產業中，找出對應的ETF，再就該產品的規格（追蹤指數的方式、特色、商品表現），挑選適合自己的ETF。

證信託ETF → 國外成分證券ETF

　　台灣投信發行的「國外成分證券ETF」目前已超過50檔，類型相當多元，除了追蹤國外單一市場或特定指數的ETF之外，更有追蹤海外成長性產業的ETF，聚焦主題趨勢的ETF、債券型ETF、以及擁有殖利率概念的地產類ETF。

各種國外市場／產業指數	追蹤複製	國外成分證券 ETF
例 元大 S&P500	指數 ←	例 元大 S&P500 ETF

↑ 編制發行　　　　　　　　　　　　↑ 發行

指數提供者	ETF 發行公司
例 標普道瓊斯指數公司	例 元大投信

成分股／類型	ETF名稱	商品特色
海外單一市場	●元大上證50 ●富邦印度 ●元大S&P500 ●國泰日經225 ●富邦越南	透過完全複製或採最佳化複製投資，幫助投資人輕鬆以較低成本直接投資海外市場。
海外區域市場	●元大歐洲50 ●國泰新興市場	幫助投資人避開單一市場波動過大的風險，以複製區域指數方式來投資海外市場。
產業股	●群益NBI生技 ●國泰費城半導體 ●國泰臺韓科技	透過策略化或最佳化複製的方式，提供投資人參與海外產業成長的投資機會。

成分股／類型	ETF名稱	商品特色
主題 趨勢型	●元大全球未來通訊 ●國泰智能電動車 ●富邦基因免疫生技 ●富邦元宇宙 ●富蘭克林潔淨能源 ●台新全球AI	市場總是不乏趨勢話題，透過策略化複製相關指數的方式，提供投資人直接布局海外趨勢概念股的便利選擇。
債券型	●新光投等債15+ ●國泰US短期公債 ●FH彭博高收益債 ●FH彭博新興債	想買海外市場債券逐息而居？海外債券型ETF以最佳化複製海外債券指數的方式，幫助投資人輕鬆擁有海外債券息收機會。
地產型	●群益道瓊美國地產 ●FH富時不動產	地產指數主要收益來源為租金收入、交易之資本利得，地產型ETF讓投資人能便捷布局海外地產。

註：表中 ETF 為列舉，非推薦之意。

INFO 「國外成分證券ETF」有哪些？這裡查：

「臺灣證券交易所」網站https://www.twse.com.tw/zh/ETF/foreign

證信託ETF－槓桿型及反向型ETF

　　「國內成分證券ETF」與「國外成分證券ETF」的價格漲跌，都跟著「標的指數」亦步亦趨，但「槓桿型及反向型ETF」的價格表現就顯得活潑許多，主要是「槓桿型及反向型ETF」運用期貨等金融商品，以追求槓桿及反向倍數報酬的效果。

　　舉例來說，一般成分證券ETF會跟著「標的指數」同步漲跌，但「槓桿型ETF」則是跟著「標的指數」呈現「倍數」漲跌；「反向型ETF」則是隨著「標的指數」呈現「反向的倍數」漲跌。目前已有超過30檔的「槓桿型及反向型ETF」在台發行上市。

類型	ETF名稱(列舉)	商品特色
槓桿型	●元大台灣50正2 ●富邦上証正2 ●富邦日本正2 ●富邦印度正2	非常看好某個市場或資產類別走勢的投資人，可透過槓桿型ETF來賺比追蹤指數漲幅更加倍表現的超額報酬；但如果看錯市場行情，其下跌的幅度也會較指數超出更多。

註：表中 ETF 為列舉，非推薦之意。

兩倍槓桿ETF 標的指數上漲 5% → 兩倍槓桿 ETF 上漲 10%（5% x 2 倍）
標的指數下跌 5% → 兩倍槓桿 ETF 下跌 10%（5% x 2 倍）

類型	ETF名稱(列舉)	商品特色
反向型	●元大台灣50反1 ●富邦上証反1 ●富邦日本反1 ●富邦印度反1	對於看空某市場或產業的投資人，可以透過反向型ETF獲取反向趨勢的報酬。

註：表中 ETF 為列舉，非推薦之意。

反向1倍ETF 標的指數上漲 5% → 反向 1 倍 ETF 下跌 5%
標的指數下跌 5% → 反向 1 倍 ETF 上漲 5%

這類 ETF 長期報酬率會偏離原型指數之正、反向倍數表現，不宜長期持有。

新手竅門 　槓桿型ETF的加乘效果

槓桿型或反向型ETF的報酬計算都是以單日為基礎，超過一日的話就會因為複利效果，而使ETF的報酬愈來愈偏離所追蹤的指數，因此這類ETF並不適合長期持有，較適合做短線操作。

情況 1　當指數表現呈現連續兩日上漲

	標的指數	2倍槓桿ETF
第一日報酬率	6%	12%
第二日報酬率	6%	12%
第一日報酬	（1+6%）－1=6%	（1+12%）－1=12%
第二日累積報酬	（1＋6%）×（1＋6%）－1＝12.36%	（1＋12%）×（1＋12%）－1＝25.44%
標的指數累積報酬x2	24.72%	

2 倍槓桿 ETF 累積報酬（25.44%）> 標的指數累積報酬 × 2（24.72%）

情況 2　當指數表現呈現連續兩日下跌時

	標的指數	2倍槓桿ETF
第一日報酬率	6%	12%
第二日報酬率	6%	12%
第一日報酬	（1+6%）－1=6%	（1+12%）－1=12%
第二日累積報酬	（1－6%）×（1－6%）－1＝-11.64%	（1－12%）×（1－12%）－1＝-22.56%
標的指數累積報酬x2	- 23.28%	

2 倍槓桿 ETF 累積報酬（-22.56%）>標的指數累積報酬 ×2（-23.28%）

情況 3　指數上下震盪（例如：當指數表現呈現第一日上漲、第二日下跌時）

	標的指數	2倍槓桿ETF
第一日報酬率	6 %	12%
第二日報酬率	- 6 %	-12%
第一日報酬	（1+6%）－1＝6%	（1+12%）－1＝12%
第二日累積報酬	（1＋6%）x（1－6%）－1＝-0.36%	（1＋12%）x（1－12%）－1＝-1.44%
標的指數累積報酬x2	- 0.72%	

2 倍槓桿 ETF 累積報酬（-1.44%）< 標的指數累積報酬 ×2（- 0.72%）

境外ETF

境外ETF主要是由國內總代理人（比如像投信公司）引進來台的產品，該基金可以用直接跨境、原股掛牌的方式上市，而台灣投資人則可以像買賣股票一樣來交易這種基金。但由於投資範圍擴及到海外，匯率的波動也會影響ETF的績效表現。

類型	ETF名稱	追蹤指數	商品特色
境外ETF	BP上證50	上證50指數	基金以直接跨境、原股掛牌的方式在台上市，讓投資人可以像買賣股票一樣，直接投資境外發行的ETF商品，也等於直接參與該市場的成長機會。

期貨ETF－「原型期貨ETF」與「槓桿型及反向型期貨ETF」

「原型期貨ETF」乃透過投資期貨契約的方式，來追蹤、模擬或複製國外商品期貨指數的ETF。但因為國外商品期貨本無漲跌幅限制，加上期貨本身的漲跌幅度較大，不建議長抱持有。

而「槓桿型及反向型期貨ETF」也是追蹤期貨指數，但每日追蹤標的期貨指數的報酬呈正向倍數（槓桿型期貨ETF）或反向倍數（反向型期貨ETF），除了背負著期貨本身的波動風險，長期報酬率更容易偏離原型期貨指數之正、反向倍數表現，也是不建議長期持有的ETF。目前台灣發行上架的期貨ETF共計14檔。

類型	ETF名稱(列舉)		商品特色
原型期貨ETF	●期元大S&P黃金油 ●期元大美元指數 ●期元大道瓊白銀	●期元大S&P石豆 ●期街口S&P黃 ●期街口道瓊銅	以完全複製的方式追蹤商品期貨指數，如黃金、石油、黃豆、白銀、銅，以及美元期貨，是一種能間接投資黃金、原油等商品的ETF。 此類ETF風險高，不宜長期持有。

類型	ETF名稱(列舉)	商品特色
槓桿型及反向型期貨ETF	●期元大S&P原油反1 ●期元大S&P黃金反1 ●期元大美元指正2 ●期元大美元指反1 ●期元大S&P日圓正2 ●期元大S&P日圓反1 ●期元大S&P黃金正2 ●期街口布蘭特正2	以完全複製的方式追蹤期貨指數，且報酬為正向倍數（槓桿型期貨ETF）或反向倍數（反向型期貨ETF）之ETF。 此類ETF長期報酬率會偏離原型指數的正、反向倍數表現，不宜長期持有。

INFO 「期貨ETF」有哪些？這裡查：

「臺灣證券交易所」網站https://www.twse.com.tw/zh/ETF/vanillaFutures；https://www.twse.com.tw/zh/ETF/liFutures

認識 ETF

風險

ETF 商品種類

進場準備

進場流程／訊號

投資策略

賣出時點／流程

投資損益

進場前的準備 1 判斷最適合自己的ETF

投資ETF，不論是選擇商品或後續操作，要做的準備不像買股票那麼繁複，只要依自己的能力、興趣、風險承受度，就能選出最適合自己的ETF。

步驟 1.了解自己的投資屬性

到基金公司開戶之前，都要填一份基金「風險屬性評估表」，雖然各家公司的評估表問題不盡相同，但評估結果都是依照投信投顧公會所公布的「基金風險報酬等級分類標準」，投資人可藉此了解自己的風險承擔能力和投資屬性。

風險等級	PR1	PR2	PR3	PR4	PR5
風險程度	低	中低	中	中高	高
投資屬性	保守型		穩健型		積極型
投資屬性說明	風險承擔能力較低，較適合保守投資		願意承擔適量風險、追求有潛力的報酬		願意承受較高風險以追求獲利
適合ETF	• 台股ETF • 臺灣高股息ETF		• 台股ETF • 單一國家型ETF • 趨勢、主題型ETF		• 產業型ETF • 槓桿&反向ETF • 期貨ETF

步驟 2.找出自己較為熟悉的市場或產業

看好某市場或產業時，就布局相對應的ETF；而看壞某市場或產業時，也可利用反向型ETF來操作。利用下表來評估自己熟悉的領域，投資贏率也會增加不少。

觀察對象	自我評量題目
台灣股市	□你投資過台灣股票嗎？ □你知道台股大盤指數目前的水準嗎？ □你知道台灣目前的景氣位階狀態嗎？
中國股市	□你投資過中國的股票或基金嗎？ □你知道中國股市目前水平嗎？ □你知道中國目前的景氣位階狀態嗎？
日本股市	□你投資過日本的股票或基金嗎？ □你知道日股大盤指數目前水準嗎？ □你知道日本目前的景氣位階狀態？
金融、科技、 中概等產業	□你投資過台灣金融股或科技股嗎？ □你知道台股金融或科技股指數目前水準嗎？ □你知道台灣目前金融或科技業的景氣位階狀態嗎？
商品期貨市場 如黃金、原油	□你投資過黃金、石油商品或期貨嗎？ □你知道黃金或石油目前的價位嗎？ □你知道商品原物料市場目前的景氣位階嗎？

說明：看看自己在哪種市場或產業的打勾數較多，就可以優先布局相關的ETF。

認識 ETF

風險

ETF 商品種類

進場準備

進場流程／訊號

投資策略

賣出時點／流程

投資損益

進場前的準備 2 掌握趨勢情報

找到適合自己投資的市場或產業後，接著就要觀察市場的趨勢，這是投資ETF最主要的功課。只要掌握了市場的景氣位階、產業的榮枯狀況、ETF本身的成交量能、和指數的技術面表現，就可以做出最佳的ETF投資決策。觀察範圍由大而小，共計有四大項：

觀察項目 1.總體經濟面

觀察重點	經濟成長率、景氣訊號	觀察週期	每月、每季
從哪觀察	財經新聞、官方公布數據		
觀察目的	掌握全球、各個國家的景氣位階狀況		

實例 ●選擇台股ETF ➡ 觀察台灣GDP成長率
　　　●選擇單一國家型ETF（如中國、日本）➡ 觀察該國的經濟成長率

觀察項目 2.產業消息

觀察重點	新訂單數量與獲利狀況	觀察週期	每月
從哪觀察	產業新聞、產業相關數據		
觀察目的	觀察各個產業的景氣榮枯，從中找尋布局產業型ETF的機會		

實例 ●選擇產業型ETF（如電子科技業ETF）➡ 觀察SEMI B／B值，如果連續三個月數值＞1，代表半導體設備市場需求增加，半導體業績可望樂觀。

觀察項目 3.籌碼面數據

觀察重點	ETF成交量	觀察週期	每日
從哪觀察	臺灣證券交易所網站ETF專區 → 盤中交易資訊（詳見附錄P207）		
觀察目的	如果某檔ETF的成交量高，意味交投活絡，價格愈可能上揚，且比較不會有流動性的問題。觀察哪種ETF的交投最活絡，便能掌握人氣趨勢。		

實例

> 元大台灣50的成交量比起其他ETF，交投較為活絡。投資人可先從量大者先出手試試。

資料來源：臺灣證券交易所網站

觀察項目 4.追蹤指標或ETF本身的走勢圖

觀察重點	日K線圖	觀察週期	一個月至半年
從哪觀察	網路財經媒體、證券交易所		
觀察目的	觀察市場或ETF本身的每日K線圖。挑出最高價位與次高價位，連成一條線；再挑出最低價位與次低價位，連成一條線，判斷其是呈現上升或下降趨勢。如果日K線圖呈現漲多跌少趨勢，且最低價位與次低價位相連，可以連成一條向上的趨勢線，搭配市場的好消息，投資人就可以伺機進場，盡早布局ETF；反之，則應賣出ETF，或利用反向ETF進行避險，或放空正向ETF。 ●上升趨勢 → 可買進ETF ●下降趨勢 → 該賣出ETF、或利用反向ETF進行避險 ●上升與下降趨勢均不明顯 → 稍做觀望，等趨勢較為明顯後再進場		

實例

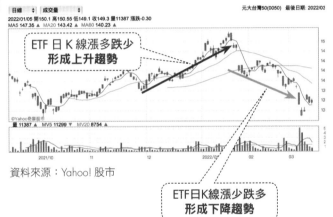

資料來源：Yahoo! 股市

認識 ETF

風險

ETF 商品種類

進場準備

進場流程／訊號

投資策略

賣出時點／流程

投資損益

ETF的買進流程

ETF先由投信公司發行募集之後，再到證券交易所交易。前者稱為「初級市場」，因為交易金額門檻極高，通常只有機構法人才能參與；後者則稱為「次級市場」，一般投資人都可以在此參與交易ETF。以下我們就以ETF次級市場的交易為例，來說明當投資人選定好了標的，該怎麼辦理開戶手續、以及執行ETF實際的買賣流程。

買ETF基金 step by step

step 1.挑選券商

　　ETF的交易流程跟一般股票沒有兩樣，投資人如果已經有股票證券交易戶頭了，就不必為了交易ETF另外開立證券戶；而尚未開過戶的投資人，可以考慮規模較大的券商，其服務（包括交易員專業度、投資研究報告的豐富度）和風險控管能力（內部人員較不會做出違法情事）會比較好，也常有優惠活動。如果是有語音、網路交易需要的投資人，就要找有提供相關服務的券商才行。

step 4.持有、等待賣出時機

　　這時候，你已經有第一張ETF了，接下來就是要好好觀察ETF的價格走勢以及績效表現了。

step 2. 開立證券戶

投資人可選擇最方便的方式，親自到證券商櫃台、或者直接上網進行開戶。

● **親自到券商櫃台去開戶**

①開立證券集保帳戶：備齊雙證件、印章，需填寫印鑑卡、開戶基本資料表、契約書等制式文件 → 日後可查詢ETF進出紀錄

②開立證券買賣交割銀行帳戶：準備預存金1,000元，到券商指定銀行辦理 → 日後可查詢ETF買賣的資金進出。

● **在證券商的網站上開戶**

①先填寫個人基本資料，資料送出後，會有專人協助你完成開戶。

②下單之前，還要取得電子憑證，才可以自由在網路上下單交易。

step 3. 下單與交割

ETF的交易流程跟股票買賣幾乎一樣，投資人的接受度才會這麼高。

● **下單**：打電話至證券商委託交易員、或使用網路下單 → 買進ETF××張（或多少股）→ 確定是否交易成功、記下成交價格。

● **交割**：券商的交割部門會與銀行聯繫，從你的證券買賣交割銀行帳戶中，辦理交割作業。所以在此之前，一定要確定戶頭有足夠的錢在裡面可以扣款，交易才算完成。

ETF的進場訊號

不論你想要布局投資型、或是交易型的ETF，都需研判進場的訊號，然後在對的時機、投資對的ETF，才有機會賺到ETF財。我們可以從整體經濟景氣的基本面、技術面和籌碼面，來尋找最佳的進場時機，以下就從這三個面向，來說明該如何判斷投資型與交易型ETF最佳進場時機。

訊號 1.基本面 —— 判斷景氣的表現趨勢

對於投資型的ETF來說，主要的投資目標，就是參與市場的中長線漲升契機，因此，如果所追蹤的市場經濟情況不錯，或是愈來愈好，都有利指數的表現，追蹤指數的ETF表現也會隨之扶搖而上。

投資型ETF

| 台股ETF | 觀察台灣經濟的景氣狀況 | ➡ 台灣經濟景氣逐漸好轉時 ➡ 買進台股 ETF |

| 國外ETF | 觀察所連動市場的經濟狀況 | ●中國經濟景氣逐漸好轉時 ●日本經濟景氣逐漸好轉時 | ●買進陸股 ETF ●買進日股 ETF |

交易型ETF主要投資目標，是為了追求短線買賣所創造的價差報酬，而經濟狀況不會一兩天內突然變好或變壞，因此不適合用景氣的角度來判斷進出時點。

訊號 2.技術面 —— 判斷上升趨勢線是否形成

投資ETF，就是投資趨勢財。從技術面指標來看，如果股市上升趨勢線出現了，意味指數繼續向上攀升的機會大，可以盡早進場搭乘趨勢順風車。（詳見P191觀察項目4）

投資型ETF

| 台股ETF | 台股指數是否往上？ | ➡ | 上升趨勢線形成時 | ➡ | 盡早買進台股 ETF |

| 國外ETF | 所連動市場的股市指數是否往上？ | ➡ | • 中國股市上升趨勢線形成時
• 日本股市上升趨勢線形成時 | ➡ | • 盡早買進陸股 ETF
• 盡早買進日股 ETF |

交易型ETF（必須看得精準，而且手腳要快！）

| 1. 首先要判斷市場會往上、還是往下？ | ➡ | • 市場將往上
• 市場將往下 | ➡ | • 買進槓桿正向一倍 ETF
• 買進槓桿反向一倍 ETF |

| 2. 接著判斷市場向上與向下的機率大小，決定重押或輕押 | ➡ | 往上機率大 | ➡ | 買進槓桿正向二倍 ETF |

| 3. 買進期貨 ETF 時，判斷商品行情是會往上或往下？ | ➡ | • 黃金價格將往上
• 石油價格將往上 | ➡ | • 買進黃金期貨
• 買進石油期貨 |

訊號 3.籌碼面 —— 判斷ETF的量能是否擴增

對任何投資工具而言，有量就等於有價，特別是ETF，有些ETF上市後，並沒有獲得太多投資者青睞，成交量能低，價格表現就不佳，甚至還出現了流動性不足的問題；而有些ETF的投資者眾多，量能大，價格也隨之往上推。因此，不論針對投資型或交易型ETF來說，量能數據都是可以做為伺機進場的指標。（詳見P190觀察項目3）

ETF 成交量、能放大 ➡ 買進 ETF

ETF的買進策略

根據投資人的投資個性、資金多寡,以及市場的表現趨勢,買進ETF有三大策略,投資者可以透過定期定額、直接單筆買進、或是設定價位進場布局等方式,靈活選擇最適合自己的ETF投資法。

策略 1.定期定額(長線布局)

● 看好股市的上升趨勢+資金不足者
● 看好股市長線上升趨勢+短線市場可能陷入震盪+投資個性較穩健者
● 看好股市的上升趨勢+投資個性較保守者
　→ 定期定額布局投資型 ETF

1.透過券商「定期」買進「一定金額」的零股ETF

ETF的交易是以一張(1,000股)為單位,但有些ETF買進一張便要數萬元,對新手投資人來說可能還是買不起,這時投資人就可透過券商,以買賣零股的方式,用小額買進特定的ETF。但要注意的是,因為ETF在次級市場一定要有人賣出,想買的人才能買進,但對於成交量不夠大的ETF,就不一定保證隨時能順利買到零股,當然賣出時也須承擔是否能夠成交的風險。

2.透過券商「定期」買進「整張數」的ETF

對於資金有限的小資族,如果金額不夠,也可以自我規劃,定期(如每一季或每兩個月)買進一張ETF,日後如果薪水較高、資金較寬裕,則可以改為一個月買進一張ETF的方式,透過紀律地投資,慢慢累積ETF的單位數,同時,也可以避免上述用零股的方式買進ETF,可能有買不到的風險,或是成交價格不漂亮的問題。

3.透過基金公司或銀行財富管理平台,「定期定額」買進ETF

投資人可以向特定銀行的財富管理部門,提出定期定額投資ETF的委託,銀行會每日計算所有投資人申購的總金額,再以信託帳戶的名義,向券商以一張為單位買入ETF,當日不足的單位數,會再與ETF

發行公司調節,最後依每位投資人的申購金額,進行單位數的配置。對投資人而言,是一種可以輕易透過這個平台,來進行定期定額投資ETF的管道。

策略 2.單筆投資(長線布局或短線交易)

- 看好股市的上升趨勢＋資金充裕＋投資個性穩健或積極者
  → 單筆布局投資型 ETF
- 看到股市的下跌趨勢＋資金充裕＋投資個性冒險積極者
  → 單筆布局交易型 ETF(反向槓桿 ETF／放空 ETF)

單筆投資ETF的方法和買股票一樣,可臨櫃向券商下單、或透過網路自行下單,以目前市價或特定價位,提出買進ETF的需求。

策略 3.設立買進價格區間(短線交易)

- 看準市場陷入區間整理且波動大＋資金充裕＋投資個性冒險積極者
  → 設立買進價位、逢低單筆買進投資型 ETF
- 看準市場陷入區間整理且波動大＋資金充裕＋投資個性冒險積極者
  → 設立買進價位、逢高單筆買進反向槓桿型 ETF

設立買進價格區間、單筆投資ETF的方式和單筆投資ETF的手續一樣,也可直接打電話給券商或透過網路下單,但注意要清楚告知交易員你所設定、看好的價位,要求券商協助撮合交易。

INFO 善用網路查詢進場價位

一些網路財經媒體提供了ETF的壓力、支撐價位的資料,投資人可以參考這些價位,在「支撐價位」附近,設定單筆買進投資型ETF的價位;在「壓力價位」附近,設定「逢高」單筆買進反向槓桿型ETF的價位,應可增加投資贏率。(如鉅亨網可查詢元大台灣50的壓力、支撐價位https://www.cnyes.com/twstock/Pressure.aspx?code=0050)

ETF的賣出時點

跟著趨勢走的ETF，賣出前也須觀察趨勢的變化，確立整體經濟趨勢以及是否已經到達自己設立的投資損益點，再決定要全部賣出，還是分批陸續賣出手中的ETF。投資ETF要賺錢，不但要買得好，更要賣得巧，這部分要特別留意，以免看著自己的ETF頻頻上揚，最後卻沒有掌握時點獲利了結，一切都只是紙上富貴而已。

時點 1.景氣出現翻轉，趨勢將出現變化時

當初買進ETF時，就是看準整個趨勢往上，才會決定買進。一旦趨勢出現轉變，就應賣出全部的ETF。

實例

利用景氣對策信號，可以判斷景氣趨勢。以下圖為例，台灣景氣對策信號由熱絡的「紅燈」轉為代表轉向的「橘黃燈」，意味著景氣可能由熱轉溫，此時可搭配技術面指標留意適當的獲利了結出場點；到2022年1月，景氣對策信號降到36分，但整體景氣表現依然不錯，投資人仍可續抱觀望，擔心震盪風險者可先出脫一部分台股ETF，並留意後續景氣表現。由於景氣指標一個月，所以還是要同步搭配技術面指標，找出ETF價位的相對高點再賣出。

台灣景氣對策信號及分數

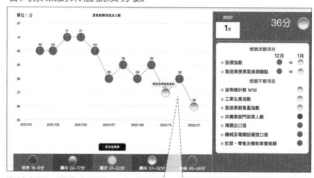

資料來源：國發會網站

景氣對策信號由熱轉溫，但景氣表現仍不錯，擔心風險者，可以出脫一部分台股 ETF

如果是投資交易型ETF（比如槓桿型、反向型、期貨ETF）的投資人，最好每天緊盯ETF價位，因為這類的ETF短線價格波動較為劇烈，只適合短線進出賺價差，並不適合長期持有，所以，如有不錯的賣價出現，最好趕緊賣出離場。

時點 **2.達到停損停利點 → 全部賣出或部分賣出**

因為我們都無法料事如神，無法準確地預測出何時是最高點、適合賣出，因此，在投資ETF之前，就應該依照自己的投資個性，預先設定停損停利點，一旦價格到達停利點，就先獲利了結、落袋為安；如價格到達停損點，也要先賣出，減少進一步虧損的風險。

實例

投資個性較保守的阿華在布局元大台灣50ETF之前，預先設定自己的停利點、停損點在＋5%、－5%，買進價位是144元。

獲利點＝144元×（1+5%）＝151.2元

> 當元大台灣50漲到151.2元，來到設定的獲利點，此時可賣出、獲利為7.2元 (151.2-144 = 7.2)

停損點＝144元×（1-5%）＝136.8元

> 當元大台灣50跌到136.8元，來到設定的停損點，此時應認賠賣出、損失7.2元 (136.8-144 = 7.2)，以免損失更多

投資竅門

保守型投資人：建議以+5%、-5%為停利停損點

穩健型投資人：建議以+10%、-10%為停利停損點

積極型投資人：建議以+15%、-15%為停利停損點

時點 3.交易型ETF達到賣出價位時 → 全部賣出

交易型ETF切記一定要用波段操作，不適合長期投資。如前所述，在決定買進之前，投資人應是先看到了價位已來到相對高點（或低點），才決定要進場買進。所以，當ETF價格開始波動，就可以開始找賣出時點、伺機賣出。

實例

以交易型ETF「元大台灣50單日反向1倍」（00632R）為例，阿強在2022年3月感覺到「俄烏戰爭」情勢趨於緊張，判斷台股應會面臨修正壓力，便在3月3日以5.17元買進「元大台灣50單日反向1倍」，因為這是反向交易型ETF，阿強每天看盤尋找適當賣點，決定在二個交易日後的3月7日以5.39元賣出，當台股走跌時，阿強反而小賺一波。

「元大台灣50單日反向1倍」價格走勢圖

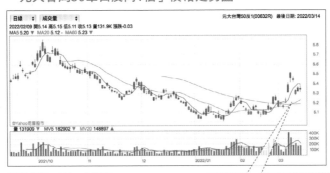

資料來源：Yahoo! 股市

當台股走跌時，如在3月3日買進、3月7日賣出，反而小賺一波

 投資竅門

當ETF價格由低點上漲→尋找相對高點賣出全部的「投資型ETF」
當ETF價格由高點下滑→尋找相對低點賣出全部的「反向槓桿型ETF」

時點 4.持有投資型ETF者需要用錢時 → 分批賣出

投資人如果想學習巴菲特，長期持有投資型ETF，做為子女教育基金、買房基金等，在需要用錢之前半年，就要開始留意ETF的價位，逢高陸續分批賣出ETF。不要等到要用錢的前幾日，才開始觀察ETF價位，否則如果正好遇到市場行情不佳，就會賣在低點，得不償失。

實例

阿明想籌募旅遊基金帶全家人出國玩，所以他在2021年10月底以135.8元的價位買進「元大台灣50ETF」，因為他預計要在2022年7月用到這筆旅遊金，所以在動用資金的前半年，也就是2022年1月起，就開始密切留意台灣經濟景氣與台股走向，大約在2022年1月中，阿明看到「元大台灣50ETF」已突破150元高點，於是決定先獲利了結出場，賺到家人的旅遊金。但如果阿明等到7月分要用錢的前夕，才開始找出場時點，可能會因為觀察時間不夠，無法賣到漂亮的價位。

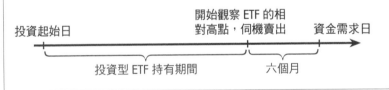

投資起始日　　　　　　開始觀察 ETF 的相對高點，伺機賣出　　　資金需求日

投資型 ETF 持有期間　　　　　　六個月

投資竅門

當大家都在買股票、買ETF，市況超熱絡、價量都在高點時，最好趕快獲利了結，盡早離場，才比較保險。

如何賣出ETF？

賣出ETF跟買進ETF一樣簡單又方便。在賣出ETF之前，必須確認有哪些ETF在自己的證券集保帳戶裡頭，再要清楚要賣出的價格和數量，最後透過電話或網路下單，過兩天之後，就可以拿回現金了。

賣出ETF step by step

step 1. 決定賣出ETF的價與量

當你決定賣出ETF時，一定要先決定好賣出的數量（全部賣出、還是陸續分批賣出？）、以及要用多少價位來賣出。

step 2. 打電話給券商／網路下單

直接打電話給券商、或是透過網路下單賣出ETF。用電話向交易員表明要賣出○○單位數的某檔ETF、或是將帳戶中所有ETF全部賣出。當然也可透過網路交易平台，直接點選要賣出的ETF標的。

step 3. 交割

跟股票買賣一樣，ETF的交割也是透過券商的交割部門和指定往來的銀行，兩者互相進行交割作業，也就是用ETF換現金、或是用現金換ETF。投資人完全不用擔心這部分，下單後兩個交易日，資金就會匯進投資人的銀行帳戶了。

我的ETF賺錢了嗎?

買賣ETF跟買賣股票與一般基金一樣,都需要付出手續費、管理費、以及交易稅,同時,也有機會獲得資本利得與配息。投資ETF的總報酬到底有多少呢?最後就讓我們一筆一筆慢慢計算清楚。

step 1. 計算資本利得/損

資本利得來自ETF買進與賣出價格的差額。當賣出價格大於買進價格,就有資本利得;當賣出價格小於買進價格,就產生資本利損。

> 資本利得/損=(賣出 ETF 價格-買進 ETF 價格)× 投資人持有的 ETF 單位數

實例

賣出價格 > 買進價格 → 資本利得

小明以每張140元的價位買進「元大台灣50ETF」一張,最後以150元的價位賣出。投資損利為(150元-140元)×一張(1000股)=+10,000元

賣出價格<買進價格 → 資本利得

小明以每張150元的價位買進「元大台灣50ETF」一張,最後以140元的價位賣出。投資損利為(140元-150元)×一張(1000股)=-10,000元

step 2. 計算股利

ETF就像股票一樣,也享有配息的權利,而證券公司通常會以現金形式來配發ETF的股利。

> 現金股利=配發的利利 × 持有的張數

實例

小明擁有「元大台灣50ETF」一張,今年該檔ETF配發股息3.2元,因此,小明可獲得現金股息3,200元的現金股息(3.2元×一張1000股=3200元)。

INFO 「ETF的配息收益」這裡查:

「臺灣證券交易所」網站https://www.twse.com.tw/zh/ETF/etfDiv

step 3. 計算手續費、稅費、總管理費用

①**手續費**：ETF的手續費與股票相同，最高為0.1425%，在買進ETF與賣出ETF時都要收取這筆費用，但通常券商會提供手續費打折的優惠。

> 手續費 = 成交金額 × 0.1425% × 優惠折扣 × 成交張數

實例

> 小明以每張140元的價位買進「元大台灣50 ETF」一張，最後以150元的價位賣出，券商給予手續費5折優惠。
>
> 買進手續費＝140元× 0.1425%×50%×1000股＝99.75元（≒100元）
>
> 賣出手續費＝150元× 0.1425%×50%×1000股＝106.87元（≒107元）

②**證券交易稅**：證交稅是繳交給政府的賦稅，僅在賣出時課徵0.1%，對投資人來說，ETF其中一個優點是它的稅費低於買賣股票的0.3%。

> 證券交易稅 = 賣出成交金額 × 0.1% × 賣出張數

實例

> 同前例，小明在今日以每張150元的價位賣出「元大台灣50ETF」一張，因此必須支付證交稅：
>
> 證交稅＝150元× 0.1%×1000股＝150元

③**總管理費**：由於ETF的基金經理人只需被動調整持股，因此，比起一般主動管理的共同基金管理費1.5%～2.5%來說，ETF的管理費大約是投資金額的0.3%～0.55%，明顯較低。而這部分金額是直接從ETF淨資產價值內扣，所以投資人比較感受不到。

每檔ETF的管理費用會有些不同，比如說，ETF的規模大小也會影響到管理費用，通常規模愈大或是操作愈容易的ETF，管理費率便會愈便宜。以全球最大的SPDR S&P 500 ETF為例，其資產規模超過700億美元時，總管理費率僅需0.1%，相當低廉。

step 4. 總結算

> ETF總報酬＝資本利得＋配息－買賣手續費－賣出證交稅－基金總管理費

實例

小明以每張140元的價位買進「元大台灣50ETF」一張，在持有該檔ETF期間，每股配息為3.2元，半年後ETF價格來到150元，小明決定賣出這檔ETF，那麼小明總共賺多少錢？

● 資本利得＝（賣出ETF價格－買進ETF價格）×投資人持有的ETF單位數
（150元－140元）×一張（1000股）＝＋10,000元

● 現金股利＝配發的股利 × 投資人持有的ETF單位數
3.2元×一張（1000股）＝3200元
（低於二代健保5,000元的課徵門檻，因此不必另外扣除補充保費）

● 手續費＝成交金額 ×0.1425%×優惠折扣 × 成交張數
買進手續費＝140元×0.1425%×50%×1000股＝99.75元（≒100元）
賣出手續費＝150元×0.1425%×50%×1000股＝106.87元（≒107元）

● 證券交易稅＝賣出成交金額×0.1%×賣出張數
證交稅＝150元× 0.1%×1000股＝150元

● 總管理費已經內扣，所以這裡不予計算

● 投資ETF總報酬＝資本利得＋配息－買賣手續費－賣出時證交稅－基金總管理費
10000元＋3200元－100元－107元－150元－0元＝12,843元

主要基金訊息管道一覽表

■國內金融相關單位

單位名稱	網址
金融監督管理委員會證券期貨局	www.sfb.gov.tw
證券投資信託暨顧問商業同業公會	www.sitca.org.tw
臺灣證券交易所	www.twse.com.tw
證券投資人及期貨交易人保護中心	www.sfipc.org.tw
證券暨期貨市場發展基金會	www.sfi.org.tw
證券暨期貨專業圖書館	libsvr.sfi.org.tw
台北金融研究發展基金會	www.tff.org.tw
台灣期貨交易所	www.taifex.com.tw
行政院主計總處	www.dgbas.gov.tw
行政院國家發展委員會景氣指標查詢系統	index.ndc.gov.tw/n/zh_tw
臺灣經濟研究院	www.tier.org.tw
公開資訊觀測站	mops.twse.com.tw
基金資訊觀測站	www.fundclear.com.tw
中華信用評等	www.taiwanratings.com

■國外金融相關單位

單位名稱	網址
美國投資公司學會 ICI	www.ici.org
美國證券交易委員會 SEC	www.sec.gov
香港證券及期貨事務監察委員會 SFC	www.sfc.hk
香港投資基金公會 IFA	www.hkifa.org.hk
韓國金融投資協會 KOFIA	www.kofia.or.kr
日本投資信託協會	www.toushin.or.jp
經濟合作暨發展組織 OECD	www.oecd.org（可查詢綜合領先指標）

■經證期局核備之基金查詢

基金類型	查詢路徑
境內基金	投信投顧公會網站（www.sitca.org.tw）→ 統計資料→ 境內基金各項資料 → 明細資料 → 基金基本資料表
境外基金	境外基金資訊觀測站（www.fundclear.com.tw）→ 資訊公告平台→境外基金／境內基金／期信基金

■基金績效評比 & 基金評鑑機構

單位名稱	網址
中華民國證券投資信託暨顧問商業同業公會 （台大教授版本、晨星版本、理柏版本）	www.sitca.org.tw
穆迪信用評等 Moody's	www.moodys.com
美國標準普爾 Standard and Poor's（S&P）	https://www.spglobal.com/ratings/en/
美國理柏 Lipper	https://lipperalpha.refinitiv.com/
英國路透社 Reuters	www.reuters.com
英商惠譽國際 Fitch	www.fitchratings.com
美國晨星 Morningstar	www.morningstar.com
彭博社 Bloomberg	www.bloomberg.com
香港指標雜誌 Benchmark	https://www.benchmark.today/
亞洲資產管理雜誌 Asia Asset Management	www.asiaasset.com

■基金理財網站 & 基金淨值查詢管道

單位名稱	網址
臺灣證交所 ETF 專頁	https://www.twse.com.tw/zh/ETF/news
YAHOO! 奇摩基金專區	https://tw.stock.yahoo.com/fund/
YAHOO! 奇摩基金專區 （國內／境外基金績效排行）	https://tw.stock.yahoo.com/fund/domestic/ranking/
Money DJ 理財網基金專頁	www.moneydj.com/funddj
Money DJ 理財網 ETF 專頁	www.moneydj.com/etf
鉅亨網基金專頁	fund.cnyes.com
鉅亨網基金專頁基金績效排行	https://fund.cnyes.com/sector-ranking-yearly/index.htm
聯合財經網基金理財專頁	fund.udn.com/fund/index
Smart 智富雜誌	smart.businessweekly.com.tw
Money 錢雜誌月刊	www.moneynet.com.tw
SmartNet 智富網基金專頁	fund.smartnet.com.tw

國家圖書館出版品預行編目(CIP)資料

圖解第一次買基金‧ETF就上手 最新修訂版 / 李明黎著.
-- 修訂五版. -- 臺北市：易博士文化, 城邦文化事業股份有
限公司出版：英屬蓋曼群島商家庭傳媒股份有限公司城邦
分公司發行, 2022.04
　　面；　公分
ISBN 978-986-480-217-3(平裝)
1.CST: 基金 2.CST: 投資
563.5　　　　　　　　　　　　　　　111002849

Easy money系列 75

圖解第一次買基金‧ETF就上手（最新修訂版）

作　　　　者／李明黎、易博士編輯部
總　編　　輯／蕭麗媛
業　務　經　理／羅越華
企　劃　提　案／蕭麗媛
企　劃　執　行／魏珮丞、蔡曼莉、邱靖容、黃婉玉
企　劃　監　製／蕭麗媛
視　覺　總　監／陳栩椿

發　行　人／何飛鵬
出　　　　版／易博士文化
　　　　　　　城邦文化事業股份有限公司
　　　　　　　台北市中山區民生東路二段141號8樓
　　　　　　　電話：(02) 2500-7008　　傳真：(02) 2502-7676
　　　　　　　E-mail：ct_easybooks@hmg.com.tw
發　　　　行／英屬蓋曼群島商家庭傳媒股份有限公司城邦分公司
　　　　　　　台北市中山區民生東路二段141號11樓
　　　　　　　書虫客服服務專線：(02) 2500-7718、2500-7719
　　　　　　　服務時間：週一至週五上午09:30-12:00；下午13:30-17:00
　　　　　　　24小時傳真服務：(02) 2500-1990、2500-1991
　　　　　　　讀者服務信箱：service@readingclub.com.tw
　　　　　　　劃撥帳號：19863813
　　　　　　　戶名：書虫股份有限公司
香港發行所／城邦（香港）出版集團有限公司
　　　　　　　香港灣仔駱克道193號東超商業中心1樓
　　　　　　　電話：(852) 2508-6231　　傳真：(852) 2578-9337
　　　　　　　電子信箱：hkcite@biznetvigator.com
馬新發行所／城邦（馬新）出版集團【Cite (M) Sdn. Bhd.】
　　　　　　　41, Jalan Radin Anum, Bandar Baru Sri Petaling,
　　　　　　　57000 Kuala Lumpur, Malaysia.
　　　　　　　電話：(603) 90578822　　傳真：(603) 90576622
　　　　　　　E-mail：cite@cite.com.my

美　術　編　輯／陳姿秀
封　面　構　成／陳姿秀
製　版　印　刷／卡樂彩色製版印刷股份有限公司

■ 2022 年4月14日 修訂五版1刷
ISBN　978-986-480-217-3(平裝)

定價270元　HK＄90

城邦讀書花園
www.cite.com.tw